BEST EVER SUDOKU

WITH 365 CHALLENGING PUZZLES

Parragon

Bath • New York • Cologne • Melbourne • Delhi
Hong Kong • Shenzhen • Singapore

This edition published by Parragon Books Ltd in 2017 and distributed by

Parragon Inc.
440 Park Avenue South, 13th Floor
New York, NY 10016
www.parragon.com

ISBN 978-1-4748-6833-4

Printed in China

DAY 1

	9	7	4		1	6	2	
2	1		3		7		9	5
8			5		9			4
1	3	5				2	4	7
6	4	9				1	3	8
4			2		5			9
3	8		9		6		7	2
	5	2	8		3	4	6	

DAY 2

	4	5	7		2	9	1	
9			5		8			4
3		6		9		5		8
6	5		2		7		9	3
		9				1		
7	8		3		9		6	2
1		8		7		2		5
5			6		4			1
	2	3	1		5	6	7	

DAY 3

	7		4		6		8	
8		9	3		5	6		1
	4		2		8		3	
9	5	8				4	1	7
4	3	1				2	6	9
	9		5		4		7	
6		5	7		2	8		4
	8		1		9		2	

DAY 4

		8				4		
		6	8	2	5	9		
2	3		4		7		5	6
	4	7		1		5	6	
	1		7		3		9	
	2	9		8		1	3	
1	8		3		9		2	5
		2	6	4	1	3		
		3				7		

DAY 5

			7		3			
	7	6	4		2	1	9	
	5	2	1		9	4	7	
2	6	3				7	4	5
1	4	5				9	2	8
	1	4	8		7	2	6	
	3	9	5		4	8	1	
			6		1			

DAY 6

		4	9	3	6	5		
	2		7		1		6	
5			8		2			1
4	5	6				3	2	8
3								6
8	7	1				9	5	4
2			5		8			7
	8		3		9		4	
		5	2	7	4	8		

DAY 7

2		4	1		9	8		5
		1	6		8	7		
8	7			2			4	9
7	6						1	2
		2				9		
1	4						7	8
6	9			3			5	1
		7	8		4	2		
4		5	9		6	3		7

DAY 8

7	1		8		3		5	6
8								2
			1	2	7			
1		9		8		6		5
		8	3		2	9		
4		6		5		7		3
			2	1	9			
9								4
2	5		4		6		1	9

DAY 9

1	6		4		7		3	9
9		7				5		8
	8			5			1	
3			8	1	4			2
		2	9		5	3		
6			7	3	2			1
	7			9			2	
5		6				1		3
8	2		1		6		9	5

DAY 10

7	8		4		2		3	6
1								8
			8	7	1			
6		8		2		4		5
		1	5		4	7		
4		3		9		8		2
			9	6	8			
3								4
8	9		3		7		5	1

DAY 11

3	7		2		5		6	1
9		6				8		2
	2			9			4	
2			9		8			5
		3				1		
4			7		1			8
	9			8			1	
8		4				5		7
7	3		6		9		8	4

DAY 12

	9		2		3		5	
7		3		6		2		8
	6		8		1		7	
2		1				9		4
	4						1	
9		6				7		3
	2		6		7		9	
1		9		5		6		7
	3		9		8		2	

DAY 13

		4	6		7	5		
	2			8			4	
3			1		5			8
6		9	7		3	2		4
	7						3	
4		2	5		8	6		1
5			9		1			2
	1			7			5	
		8	4		2	3		

DAY 14

	7		6		1		4	
6	8			4			3	2
			8	5	2			
4		9				3		7
	5	6				4	2	
8		2				9		6
			4	2	8			
3	2			9			7	4
	9		3		7		8	

DAY 15

8	4						1	3
3		1		9		6		8
	6		3		1		2	
		5	6		9	3		
	1						8	
		4	8		2	5		
	3		4		8		9	
9		2		5		8		6
4	5						3	2

DAY 16

	7	1		9		5	2	
2		6				9		4
3	4						8	1
			7	1	8			
4			5		9			7
			3	4	6			
7	3						4	9
6		5				1		2
	9	4		8		6	5	

DAY 17

			2	3	6			
	2	1				6	8	
	7		1		4		9	
1		9				7		6
8				1				5
7		3				2		8
	1		4		8		6	
	8	7				4	2	
			9	6	7			

DAY 18

	6		4		2		1	
7		3				6		4
	5			1			9	
4			8	2	1			6
		5	7		3	1		
1			9	4	5			3
	4			9			7	
5		8				2		9
	9		2		7		3	

DAY 19

	5		1		7		9	
4			8		3			7
		2	5		4	8		
1	8	4				7	5	2
6	2	9				4	1	3
		3	6		9	1		
7				4		2		6
	1		3		5		4	

DAY 20

		9	2		1	4		
				7				
7		2	4		8	5		1
1		7		2		3		6
	6		7		4		1	
4		3		9		8		7
2		6	9		3	7		4
				4				
		1	5		7	9		

DAY 21

	8		4		5		1	
3		1		2		7		6
	6		3		1		4	
2		9				3		4
	7						9	
4		8				1		2
	3		9		7		2	
7		4		5		6		1
	2		6		4		8	

DAY 22

3		1				5		6
	2		1		6		8	
5				2				7
	8		2		1		3	
		7				2		
	5		6		9		1	
1				6				2
	9		5		4		7	
6		5				9		8

DAY 23

	1						2	
8	6		7	1	2		9	4
		3	5		9	7		
	3	7				4	1	
	8			6			5	
	5	4				8	3	
		8	6		3	2		
3	7		1	5	8		4	9
	9						8	

DAY 24

8		9	2		6	1		7
3		1	5		9	2		6
4		8		5		7		3
			7		4			
1		2		6		8		4
2		5	8		7	4		1
9		6	4		1	3		5

DAY 25

	6		8		4		3	
4		3				7		6
	8		9		3		5	
7		6	1		8	5		9
3		8	4		5	6		2
	7		3		9		6	
9		4				8		7
	5		7		2		9	

DAY 26

	9	7		2		3	6	
2								9
6			4		3			5
		5	9	1	7	6		
9			2		5			3
		4	6	3	8	5		
1			3		4			6
5								7
	6	8		5		1	4	

DAY 27

9			6					7
	5				2	3	6	
	8			5	1			
	4	9		8				5
		5	2		6	4		
6				1		8	2	
			1	6			4	
	3	2	4				8	
4					5			1

DAY 28

		6		3	2		5	
1			8	7		6		
	7							8
5				6			9	
7	2		9		8		6	5
	6			5				2
2							3	
		3		2	6			4
	5		4	1		7		

DAY 29

3					6	9		1
	9	7		3			8	
8			1				5	
5				9		2		
	6		8		4		7	
		9		2				5
	3				5			2
	1			7		5	3	
7		2	9					8

DAY 30

	9	2				1	8	
1			4		2			7
4			3		1			9
	1	8		3		5	7	
			8		7			
	3	9		1		4	6	
5			6		3			1
8			1		9			6
	6	1				3	4	

DAY 31

		8		3		4		
	4	5				8	3	
7	1		8		4		6	2
		2		4		7		
8			7		2			5
		1		8		3		
1	5		4		3		8	7
	2	4				1	5	
		7		5		6		

DAY 32

3				7				9
	8	5				7	4	
	6		8		9		2	
		3		2		4		
2			9		5			8
		1		6		3		
	1		7		3		6	
	3	6				9	5	
4				5				7

DAY 33

9			2		5			3
		4	8		1	5		
	8		3		9		6	
4	1	8				9	2	5
7	5	3				8	1	6
	7		4		6		5	
		6	7		3	2		
3			5		2			9

DAY 34

	1	6				2	4	
7		3				6		8
5	4		8		6		1	3
		5	2		1	3		
				6				
		4	9		3	8		
2	3		4		5		6	1
6		8				4		2
	9	1				5	8	

DAY 35

4			7	6			5	3
8			4			9		
	3	9				2		
			8		6		4	2
6								8
2	9		1		7			
		5				4	8	
		7			4			6
9	2			8	5			1

DAY 36

		7		3		5		
	5		2		4		9	
3			5	7	9			1
	1	9				7	5	
5		3				9		2
	8	2				6	1	
9			7	5	1			6
	7		8		3		2	
		1		6		4		

DAY 37

7		5						1
	4		5			3	7	
	3	8			9	5		4
		3	1	8	6		5	
			3		4			
	6		2	5	7	9		
3		6	9			8	4	
	1	9			5		3	
4						7		9

DAY 38

8		9				7		3
3		1	7		6	5		8
			8		5			
9		4				6		7
	8		9		1		2	
5		2				1		9
			5		8			
1		8	6		4	3		2
4		5				8		6

DAY 39

	2		9	1	5		4	
9								5
		4	7		6	9		
3		8	2		9	5		7
7								3
2		6	5		7	4		1
		1	6		2	8		
6								2
	7		8	5	3		1	

DAY 40

	9		8		2		6	
3								9
			9	4	3			
4		7	6	3	5	8		1
		3	1		7	6		
6		8	4	2	9	7		3
			3	9	6			
5								4
	7		5		4		3	

DAY 41

	9		4		6		5	
5								3
		8	5	3	7	9		
8		5		4		3		2
		4	8		2	5		
1		7		6		4		9
		2	7	5	1	6		
7								5
	5		2		3		1	

DAY 42

	5	1		9			4	
3			7					1
		2			1	5		3
		6	5		2		9	
4								5
	2		6		4	8		
8		5	2			1		
9					3			6
	6			5		4	3	

DAY 43

	1						5	
7		5	9		8	1		4
	8			3			7	
	4		2	8	3		9	
		3	6		1	4		
	5		4	9	7		6	
	3			7			1	
1		8	5		4	7		3
	2						4	

DAY 44

	6		1		8		7	
8	5		6		4		3	1
		4				9		
5	3			7			4	2
			3		6			
7	4			5			8	3
		5				8		
6	9		7		5		1	4
	7		4		9		2	

DAY 45

2	5		8		7		1	6
9		6				7		2
	7			9			3	
8			4		5			7
		4				2		
6			9		2			4
	2			6			9	
5		9				6		1
3	6		7		9		2	5

DAY 46

8	6		7		5		4	3
7	1			8			6	2
				2				
9				5				4
	4	3	1		2	7	9	
1				4				5
				1				
2	9			3			7	6
6	8		4		9		2	1

DAY 47

		6	3	9	8	2		
	8		1	2	6		3	
	3	4	7		2	8	9	
	9	8				1	7	
	5	1	6		9	4	2	
	4		2	3	1		6	
	2	8	4	5	3			

DAY 48

	8	6		4		7	9	
7			9		5			4
3			6		7			2
	1	7				4	6	
4								3
	5	3				9	1	
9			1		6			8
6			7		4			9
	7	5		9		3	4	

DAY 49

		9		5	4	6		
				8		9		
7	3	4			9	2		5
6		3						
5	7						6	3
						8		9
3		7	5			4	9	6
		5		2				
		1	4	9		7		

DAY 50

			3	5	4			
		3	6		2	7		
	2	8				6	5	
5	6						1	4
3				2				7
2	8						3	6
	4	5				1		9
		9	5		8	4		
			4	9	1			

DAY 51

3			7		8			4
		7	5	3	4	1		
	4			9			8	
4	1						7	5
	7	3				2	1	
6	5						4	8
	6			5			3	
		8	4	7	6	9		
7			8		3			6

DAY 52

3					1	8	2		5
				7					
4		9			6	1			
9		8	4		7				
7	5						6	4	
		5		2	7			3	
	6	7			3			8	
			2						
1	4	8	9					2	

DAY 53

9	6		4		7	1	2	
8							6	
	4		1		6	7		
7	2					8	5	
			8		3			
	4	9				3	7	
		8	6		5	4		
	5						8	
	6	3	2		8	9	1	

DAY 54

3	9		6					2
		5	2	3	9			1
							8	
	8			4			3	5
	1		8		3		7	
2	4			7			9	
	3							
1			4	6	8	9		
9				2			4	7

DAY 55

		6				5		
	8	3	2		9	1	7	
5	9						2	4
	6		8		5		3	
				9				
	7		1		4		8	
1	3						5	8
	5	9	3		2	6	4	
		2				3		

DAY 56

		3		8		7		
	8						1	
4		1	7		3	6		9
		6		5		4		
1			6		8			5
		5		1		9		
6		9	3		1	8		2
	3						4	
		8		6		3		

DAY 57

	4			6			7	
1					8	3		6
	7	3				8		
	5		6	8	7			
7			5		2			1
			1	3	4		8	
		7				1	5	
8		2	9					3
	3			1			4	

DAY 58

	6			2			9	
8		2				6		4
	9		6		4		2	
		9	5	6	3	7		
4			7		2			9
		1	8	4	9	5		
	4		2		8		5	
9		8				2		7
	2			7			3	

DAY 59

3		2		7		9		1
	9						8	
1			3		8			2
		6		4		2		
5			2		1			7
		1		5		6		
2			7		9			6
	5						2	
6		7		3		8		9

DAY 60

7	2		9		1		6	4
9								7
		5		2		9		
8			5		9			3
		1				7		
2			6		7			9
		9		6		3		
6								8
3	7		2		8		1	5

DAY 61

	6	4	9		1	3	5	
8			3		5			2
		9				8		
9	2						8	4
			8		2			
5	1						2	9
		6				9		
1			4		8			6
	8	2	6		9	5	4	

DAY 62

4	2		1	5	8		9	3
6		3				5		7
	5						2	
3			6		7			2
5				1				8
8			4		5			9
	1						4	
7		4				3		5
2	3		5	6	4		7	1

DAY 63

1		4		7			2	3
6			2		1			
			4	3				7
	1					3	7	
7		6				8		9
	4	3					6	
4				9	8			
			1		2			8
8	7			5		9		4

DAY 64

	9				4		5	
8	4		5		9		6	2
			2		1			
	2	4	8		6	9	7	
5								4
	7	8	4		5	3	1	
			7		2			
2	5		1		3		4	7
	3			8			2	

DAY 65

		7	3		5	2		
		3		8		5		
2	6						9	3
9				3				8
	8		7		4		3	
7				9				6
3	5						4	2
		8		1		3		
		1	2		3	6		

DAY 66

5		9		7				4
				1		9		
	2	3	9			1		6
			7		4	5		
9	6						7	2
		1	2		5			
1		2			7	3	4	
		7		2				
6				3		7		1

DAY 67

			8		1			
	2	3				7	5	
	1			2			4	
2			5	1	9			6
		1	6		4	2		
4			3	8	2			9
	4			6			3	
	5	9				8	6	
			9		5			

DAY 68

		1			4	2		
			2	6				
8		2				3		1
7				4			6	
	2		7		6		3	
	4			2				9
4		3				9		5
				5	2			
		6	8			1		

DAY 69

	8	5		3	7			
	3					7	4	1
	6		2					8
3				8		2		
2			7		3			4
		8		9				3
5					8		7	
8	2	4					6	
			4	2		8	3	

DAY 70

	3		5		7		8	
7			4		1			2
		6				5		
4	7			8			2	5
			9		3			
9	1			4			7	3
		1				7		
3			7		4			8
	2		3		9		6	

DAY 71

		3	2		8	1		
	4			1			6	
2			4		3			7
9		6				4		3
	3						9	
7		5				8		6
1			6		7			9
	6			8			2	
		7	5		1	6		

DAY 72

3		4					2	9
5					9	8		
	9	6	8			3		5
	2		3		8	4		
		1	2		5		9	
6		9			3	1	8	
		8	5					3
2	1					9		7

DAY 73

3		6	2		4	7		5
	1		6		9		2	
9								3
1	6			9			5	4
			4		1			
4	2			6			8	1
2								9
	5		9		3		7	
8		9	1		7	5		6

DAY 74

4						2		3
	7	2					5	
1			5	9			4	
			4		9	5		
		3				1		
		7	8		3			
	5			2	8			6
	1					4	8	
3		9						1

DAY 75

				3				
9		5	8		4	1		3
3	1						6	5
5	2						1	4
			5		6			
6	4						9	8
8	3						7	2
7		1	2		3	4		6
				8				

DAY 76

9				1				7
	1	2				5	3	
	7		2		5		1	
		1	7		6	2		
8				9				5
		4	5		3	6		
	6		3		2		4	
	8	7				1	6	
2				6				3

DAY 77

		8				5		
		4	7		5	9		
1	9			4			3	7
	5		2		4		6	
		6				7		
	1		8		7		9	
5	3			7			4	2
		2	5		1	3		
		7				6		

DAY 78

	8		5	2	6		3	
6			3		1			8
				7				
1	6						4	7
2		5		8		3		6
8	7						9	2
				9				
5			8		2			9
	9		1	3	7		6	

DAY 79

		9		5		6		
		5	7		9	1		
7	1			8			2	5
	2		8		5		9	
4		7				5		6
	9		6		3		7	
9	7			6			5	3
		4	9		7	8		
		2		3		7		

DAY 80

3				9				1
		5				4		
	6		4		5		2	
		3	2	5	6	1		
6			1		3			7
		2	9	7	4	5		
	4		7		8		3	
		6				7		
9				4				2

DAY 81

			1		7			
	3	5				6	1	
	4	1		6		7	9	
2				4				6
		4	8		2	5		
3				7				4
	6	9		5		2	7	
	8	2				3	4	
			4		9			

DAY 82

		3	6		9	1		
		5		4		9		
7	4						6	2
9			5		8			1
	7						5	
2			4		6			9
5	9						1	3
		2		3		7		
		4	8		7	6		

DAY 83

2		5	6		7	3		4
			3		9			
4				5				6
7	3		9		4		2	5
		2				4		
9	5		7		1		6	3
3				9				8
			4		5			
5		6	8		3	2		1

DAY 84

			1		2			
	8			3			9	
	5	6	4		9	1	8	
	2	4				3	7	
		3				6		
	9	8				2	1	
	4	9	7		6	5	3	
	1			9			6	
			8		4			

DAY 85

			8	4	5			
		8	3		2	5		
	5	4				8	3	
9	1		4		6		8	5
4								6
6	7		5		9		1	2
	6	9				7	4	
		1	7		4	6		
			6	9	8			

DAY 86

6		8	7					3
	9		1	4			6	
			9					1
						7	1	9
	5						8	
7	2	1						
5					6			
	4			3	5		7	
3					1	9		2

DAY 87

	5	2				9	4	
7			5		2			8
9								2
		9	8		1	7		
	8		4		9		1	
		3	6		5	4		
5								7
2			1		3			4
	3	4				6	9	

DAY 88

	4						6	
1		6				2		4
	2	8	3		6	7	1	
		9		6		8		
			7	8	1			
		1		2		5		
	6	7	8		9	4	5	
4		2				1		3
	1						9	

DAY 89

	2		5		4		1	
5	6						9	4
		3				2		
3			4	2	9			7
				7		6		
9			8	5	1			6
		2				9		
8	7						3	1
	3		9		5		6	

DAY 90

		2		8		1		
		5	2		3	6		
1	3			4			5	8
	2						8	
8		4				7		1
	7						3	
4	5			6			2	7
		9	7		4	8		
		7		3		4		

DAY 91

				3	8		7	
1	3			4			8	
		5		1	9	3		
3		1						
7	4	9				6	3	5
						2		4
		8	6	2		9		
	6			5			2	7
	7		8	9				

DAY 92

		5	2	8	4	7		
				1				
3			5		9			2
1		7				6		8
8	5						9	4
6		4				1		5
2			6		1			7
				9				
		9	3	4	7	8		

DAY 93

	7	5				1	6	
1	3						8	4
4			8		3			5
		7		4		3		
			6		5			
		4		2		5		
2			1		6			8
7	1						5	2
	4	8				7	9	

DAY 94

9			8		2			7
		2	3		9	1		
	3						9	
8				6				1
	5	9				4	8	
6				2				5
	1						7	
		5	4		3	6		
3			7		1			2

DAY 95

6	7						9	2
4		9				8		1
	1		6		9		7	
		5		9		7		
			1	2	8			
		3		7		1		
	5		8		7		1	
3		6				4		7
7	8						3	5

DAY 96

5			2		7			3
		3	1		9	8		
	6			5			1	
1	2						3	9
		4				6		
3	8						7	2
	4			1			5	
	1		4		6	2		
6			5		2			8

DAY 97

	1	7				6	3	
4			6	9		2		1
6	5							7
				4			7	
	6		2		3		8	
	4			6				
5							2	3
2		4		1	5			8
	8	1				7	4	

DAY 98

					3		5	
2		8		7	4			
		7			1	2	3	
1	5	9						
	8						4	
						1	8	2
	1	5	6			4		
			4	8		5		7
	9		1					

DAY 99

		3		6			2	
6	4		3				5	
				8	1			3
		5		1			8	
9		8	6		5	4		2
	2			7		6		
2			1	4				
	7				3		4	1
	3			5		2		

DAY 100

			5	4	2		8	
7			8			9		
	8	3				1		
8				5			2	4
2			4		9			1
3	1			2				8
	7					8	1	
	2				8			5
	4		3	6	5			

DAY 101

3	4		5		6		8	9
		2				5		
9	6						7	4
6			7		2			1
		8		6		9		
1			8		4			2
2	9						1	3
		6				7		
5	3		9		7		2	8

DAY 102

3	6			9			5	2
	9						7	
		5	6		2	1		
		8				5		
6		7				2		9
		3				7		
		9	7		1	6		
	8						1	
2	5			3			8	7

DAY 103

	8		7		4		2	
2		4		5		8		7
	3						6	
1				9				8
	7		5		8		3	
3				7				6
	1						8	
6		7		3		1		2
	5		2		9		7	

DAY 104

3			5		8			2
				9				
		5	2		7	9		
7		8		6		2		4
	3		7		1		6	
4		6		5		7		9
		4	1		9	3		
				8				
9			4		5			8

DAY 105

8						9	1	7
5			1	7	9			
9			8					
	4		5		7	3	6	
	5						4	
	3	8	2		4		9	
					8			1
			3	9	1			6
1	7	2						9

DAY 106

	2		1	4	3		7	
6		7				8		1
	3						4	
3				5				7
9			4		8			5
2				3				6
	9						5	
8		2				7		4
	1		5	2	7		6	

DAY 107

	9		5		4		7	
6			1		8			4
4	7	8				5	1	3
	1	7				3	8	
	4	6				7	2	
7	6	4				9	3	1
1			3		7			2
	2		4		9		6	

DAY 108

	6		9		2		5	
9								6
			4	6	7			
4		3	6		9	2		1
		9				4		
2		6	5		8	9		7
			1	5	4			
5								9
	8		7		3		4	

DAY 109

	1		9		7		2	
9		7		1		4		5
	4						7	
1			2		8			9
	9						8	
7			3		6			4
	6						5	
3		1		2		6		7
	7		1		5		9	

DAY 110

	2		3	7	6		5	
4				1				9
			4		2			
1		5				6		3
3	6						4	8
7		8				5		2
			8		7			
6				3				5
	7		6	4	5		9	

DAY 111

7			2		5			1
	4						3	
	8	1				2	6	
6			9	2	4			3
4			8	5	7			9
	7	6				4	9	
	5						2	
3			6		9			7

DAY 112

	7		2	9	3		6	
2	9			4			3	5
					5			
9		8						1
3	6						8	7
4						6		2
			3					
7	1			6			5	8
	4		5	8	9		1	

DAY 113

	1		6		2		3	
3		5				9		6
	7			3			5	
2			9		4			8
		1				4		
9			5		1			2
	3			4			2	
5		2				1		3
	9		2		3		4	

DAY 114

5		6	2					7
					4	5		
	4		5	3				1
	6			8		9		5
		4	6		5	8		
8		5		7			6	
2				1	6		8	
		9	7					
6					3	2		9

DAY 115

		5	4		3	6		
	1		2		5		3	
2			8		7			5
3	4	7				9	5	1
5	8	2				7	4	6
4			7		6			8
	9		3		2		6	
		8	9		1	3		

DAY 116

		7		4		9		
	8	1				3	4	
6	9						2	8
			6	5	1			
1			2		8			9
			4	3	9			
4	2						7	5
	1	5				8	6	
		8		6		4		

DAY 117

		3		9		4		
1			4	2	3			7
4								1
5		2	9		1	3		8
3		6	2		5	7		4
9								5
2			6	3	7			9
		7		4		8		

DAY 118

3	2		1		8			9
		9			4			8
			7	5			1	
7	8					1		4
		1				5		
2		6					8	3
	1			4	3			
8			9			6		
6			8		1		3	5

DAY 119

	8		6	2			9	
7				9		8		2
	2			4	8			
		5						6
9	6	8				4	7	5
3						9		
			9	5			4	
2		1		8				3
	4			3	2		8	

DAY 120

		5	8	9	1	6		
		2				8		
8	1						4	7
9				2				1
2			1		3			8
5				7				4
4	2						8	5
		7				1		
		8	5	3	6	4		

DAY 121

	5			9			1	
2		7				4		5
	3	6				7	8	
			9	6	4			
7			5		8			1
			1	3	7			
	7	4				2	3	
3		5				1		9
	9			4			7	

DAY 122

3	2						6	9
	4			2			5	
6		1				8		3
		2	7		6	5		
8								6
		5	9		2	3		
5		3				7		8
	8			9			3	
1	7						4	2

DAY 123

	5	2	8		7	6	4	
6	7						5	9
8								2
2			6	1	9			5
				7		4		
4			2	8	5			7
7								6
3	2						1	4
	6	9	4		1	3	2	

DAY 124

			4	6	8			
		9				7		
	8	2				4	5	
9			2		3			4
3								2
7			9		4			8
	4	6				1	9	
		7				8		
			8	1	6			

DAY 125

		1			3		6	
5	2		7		6		4	
					4			5
4	8	7	6		5		1	
	1		8		9	2	5	4
9			4					
	6		5		7		8	3
	7		1			5		

DAY 126

	9						4	
2			9		4			1
4	1		3		5		2	7
		5	6		3	4		
6								3
		1	4		9	8		
8	3		7		6		5	9
1			8		2			4
	6						7	

DAY 127

	6	4				2	5	
5								4
9		2	6		4	3		8
		9	3	4	5	8		
			2		1			
		5	8	7	9	1		
2		6	4		3	5		7
7								2
	5	8				4	6	

DAY 128

	5		1		8		9	
2								4
		3		2		8		
		8	4	1	3	7		
9								5
		6	9	8	5	2		
		9		6		5		
7								6
	6		3		4		1	

DAY 129

5				6				8
		3	7		4	9		
	4		5		2		3	
	9	6				5	8	
2								4
	5	4				7	6	
	2		8		7		4	
		1	6		3	2		
4				2				6

DAY 130

	7		5		8		1	
5		1				7		8
	4		6		1		5	
4		8				5		7
				6				
9		6				8		2
	2		7		9		8	
7		3				4		9
	9		3		2		7	

DAY 131

5		3			6			
	1					3		
		2		9				5
9	8				5			
	3						6	
			4				2	8
4			3			9		
		6					8	
			1			7		3

DAY 132

		8	3		4	5		
				8				
5			9	2	7			8
2		1				8		3
	5	6				9	1	
3		7				4		2
4			5	9	1			6
				3				
	3		4		8	1		

DAY 133

		2	4	3	1	8		
			7		6			
7				9				3
9	3						8	1
8		1				3		5
5	7						9	6
3				7				4
			3		4			
		7	9	2	5	6		

DAY 134

		7					9	
6		9			2			
			5		6		2	7
7	1	8		9	4			
			2					
	4	3		7	6	1		
4	3		9		1			
			6			2		4
	8					1		

DAY 135

	7	6	3		2	8	1	
8								6
5		1		8		4		7
		2	4		8	5		
		5				3		
		3	7		5	9		
2		8		9		1		3
3								9
	4	9	2		3	7	5	

DAY 136

		7	2	4			6	
9				7		4		
	5		3	6				7
						8		9
3	7	8				2	1	6
1		2						
6				8	3		5	
		3		5				1
	2			1	7	6		

DAY 137

		4		5		8		
		9		8		3		
8	2						5	1
			7		5			
7	9						6	4
			9		4			
6	1						9	2
		7		2		1		
		5		7		4		

DAY 138

	6					5		
		2	9	6				4
9		7				8	3	
				2			1	
	7		3		1		5	
	1			8				
	2	1				7		5
8				9	2	6		
		9					8	

DAY 139

					5	4	8	
9			4	6				
1		6	2			9		
5						3	6	
	9						2	
	8	3						9
		9			6	5		4
				4	3			8
	3	5	8					

DAY 140

3		4	2		5	7		1
		2		8		3		
5	9						4	2
9			5		1			7
	5						2	
6			7		4			5
2	3						7	8
		5		7		2		
8		6	9		2	4		3

DAY 141

2			6		4		5	7
7		3			1	2		
	1				2		4	
9	2	8						1
3						8	9	2
	3		8				2	
		2	4			7		3
1	6		3		9			4

DAY 142

			1		4			
	8		9	3	6		7	
		3		5		9		
2	3						8	5
	1	4				7	3	
8	9						2	1
		1		7		5		
	4		3	1	5		9	
			4		8			

DAY 143

		2			8		1	
8				5		9		
	3		1					4
4			9		3	6		
	5						8	
		8	5		6			7
2					9		3	
		9		4				2
	1		8			5		

DAY 144

	9	3	5		1			7
						1		6
		6	7				2	9
				8				
7		2	1		3	6		8
			2					
3	1				7	2		
4		5						
6				9	5	8	1	

DAY 145

			9	6		3		
			8				2	4
	2					7		
			5				8	3
	6		2		7	1		
4	5				6			
		2					7	
1	3				8			
		8		4	1			

DAY 146

3	9						4	5
5			9		1			8
		2		4		9		
	1		3		2		8	
		8				1		
	7		1		8		9	
		3		1		8		
7			6		5			3
1	2						5	7

DAY 147

1		5		8		6		3
		6	1		5	7		
2	8			6			4	1
	6						9	
9		2				4		7
	5						3	
5	7			9			1	2
		9	2		1	8		
4		1		3		9		6

DAY 148

		6		4		2		
			6		3	4		
5	1				2			6
	3	7					4	
9								8
	6					9	5	
6			4				1	7
		8	5		6			
		1		3		6		

DAY 149

2		6	8		9	5		4
	3						8	
8				4				1
5			7		8			3
	7					2		
6			5		4			7
1				5				6
	5						3	
3		2	1		7	4		9

DAY 150

4	5		6		3		7	1
1			2		5			3
				4				
6	1						3	7
		4				2		
8	2						9	6
				5				
3			8		9			5
5	6		3		4		1	9

DAY 151

		6		2	8		7	
8								
		1	4		5	8		9
1		7			8	9		
9			6		4			8
		5			7	3		4
7		9	5		2	1		
								7
	3		7	1		6		

DAY 152

4			7		5			3
		6	8		2	1		
	1						9	
9	4						7	6
				5				
3	6						5	1
	7						6	
		1	3		4	9		
6			5		7			2

DAY 153

		7	6		1	4		
	3						5	
9			4		5			7
4		1	3		6	9		8
				1				
8		9	2		7	3		5
7			1		4			6
	4						2	
		6	8		3	5		

DAY 154

	2				6			3	
8			5	9	4			2
		7				1		
	5			4			9	
6	9		8		5		4	3
	4			3			8	
		5				3		
4			7	1	6			5
	7			5			1	

DAY 155

4			2		8			5
	3			5			1	
		2		6		7		
1			4		5			9
	4	6		7		1	5	
2			1		6			3
		1		2		5		
	9			4			2	
7			5		1			6

DAY 156

		4		9			6	
8				4		5		
	1	6				7		3
			9		2			
1	4			5			2	7
			1		4			
4		9				2	7	
	5			1				4
	6			8		3		

DAY 157

	2	7	6		8	1	4	
3	6			1			2	7
		2	1		4	9		
		9	5		3	6		
7	8			6			9	4
	1	4	9		5	3	8	

DAY 158

	1						7	
3			6		2			8
	8	7		5		3	6	
			1		4			
	4	6				2	8	
			2		8			
	6	1		2		9	3	
8			5		9			7
	7						1	

DAY 159

		6				7		
9			3		6			5
		3	1	4	5	6		
	9			1			5	
			8		4			
	6			9			2	
		7	5	3	1	8		
1			9		7			6
		9				1		

DAY 160

		1	7			6	9		
	5			4				7	
7				2					6
1			6		7				2
	8	7				6	3		
5			4		3				8
8				7					3
	7			6				5	
		9	2		4	8			

DAY 161

		2				1		
	8		3		6		9	
4			7		5			3
	4	8	9		7	3	1	
	1	6	8		3	7	2	
5			6		1			8
	3		5		4		7	
		7				5		

DAY 162

			4		3			
5				9				4
	6	2	7		8	5	3	
	2						6	
6		4				2		5
	7						9	
	4	3	1		9	8	5	
2				3				7
			6		5			

DAY 163

	4		5		8		9	
9			1		2			3
		6				8		
1	9		8		3		2	6
2	8		6		4		7	5
		4				2		
8			4		6			1
	1		2		5		6	

DAY 164

		5	7	6				
			9		1	4		
	1							8
	7		2		8		9	4
6				7				2
5	9		4		6		3	
4							8	
		7	1		5			
				3	7	5		

DAY 165

			2		8		9	
8			3		4			
		7		5		4		
7	5						2	6
		1				3		
9	4						7	8
		2		3		5		
			6		7			4
		1	4		5			

DAY 166

		4	5		1	6		
	1		7		6		4	
3				8				2
7	4						5	6
		9				4		
5	8						9	1
8				4				3
	9		6		3		8	
		3	2		8	5		

DAY 167

	6					5	9	
3	4		5				8	6
2		5				3		
			9	7	2		5	
			8		6			
	7		3	5	4			
		3				6		8
9	1				3		2	5
	5	6					4	

DAY 168

		2		9		1	5	
1								
9			3		1			8
		8	1		2	3		
3				5				6
		1	6		7	4		
2			9		8			4
								1
	6	5		1		2		

DAY 169

6	7				4		9	8
9			6		2			7
		2				6		
	5		7		4		8	
1								5
	2		3		5		1	
		5				8		
7			8		6			3
2	6			3			5	9

DAY 170

		1		5		3		
6								1
5			1		9			2
	5		6		7		8	
	4		5		3		9	
	1		9		4		6	
9			8		1			5
4								9
		3		9		6		

DAY 171

	3	6				4	2	
4		1	7		2	6		8
	8		4		5		9	
	6		3	2	8		4	
			6		7			
3		8	1		6	2		4
9	1			8			6	3

DAY 172

1		9	4		7	8		3
			8		9			
7			3		1			9
2	7	8				3	6	5
6	3	4				1	9	7
8			9		2			6
			5		8			
4		1	7		6	5		8

DAY 173

	6						9	
		4		9		5		
9	3						6	8
4		9	5		6	8		3
	2		4	7	9		5	
6			2		3			4
	4						1	
	8						4	
3		5				2		7

DAY 174

	2		8			7		
	1						9	4
5		4		2		1		
				5				9
		2	4		8	3		
8				1				
		7		9		4		1
6	9						2	
		1			5		7	

DAY 175

				9		3	2	
			3			9	4	
7			4		2	1		
				6	1			2
		5	7		3	8		
6			2	5				
		1	6		8			3
	8	7			5			
	3	6		7				

DAY 176

	2	6				4	9	
9		5				3		2
		8	2	1	9	5		
			3		5			
	3						5	
			6		2			
		3	7	2	8	9		
7		2				1		4
	5	9				2	8	

DAY 177

		2		9		3		
		9	5		6	7		
6			2		4			9
	9			4			7	
2		1				4		8
	8			6			3	
9			7		3			4
		4	6		5	9		
		5		8		1		

DAY 178

8				2				6
		7	4		6	2		
	6		1		8		4	
	7	2				4	9	
3								7
	5	9				3	1	
	9		6		5		2	
		6	3		2	8		
5				7				4

DAY 179

7						2		5
			1			7		
3	1			7	8			
		2		3			7	
		7	6		9	5		
	5			1		3		
			7	9			6	1
		4			1			
5		1						7

DAY 180

	7		9	6			1	8
	8		2				3	
		2					6	
8		1			4			
	6			1			7	
			6			4		1
	9					6		
	2				6		9	
6	4			8	9		2	

DAY 181

1	2		9		6		3	8
8		4				9		6
	7						1	
3				1				4
			4		2			
4				6				7
	6						7	
7		8				3		1
2	4		7		5		6	9

DAY 182

	2						7	
7		3				1		5
	8		9		2		4	
		8		3		6		
			5		9			
		2		4		5		
	5		8		7		1	
2		9				7		8
	4						5	

DAY 183

2		7	8		1	5		4
				5				
3		5	4		6	9		7
5		6				4		1
	1						9	
9		8				2		3
6		3	7		8	1		9
				6				
8		4	2		9	3		6

DAY 184

3			2		6			7
		6		1		3		
		5	3		8	1		
4	8						2	1
2	3						5	4
		3	9		1	2		
		4		8		7		
8			6		7			5

DAY 185

	8						2	
		3	6		2	9		
		5		3		8		
	4			7			6	
2								1
8			5		6			4
			8		3			
	6						7	
	3			9			4	

DAY 186

8								6
		1				5		
		3	1		2	8		
9								8
				5				
	2	4				1	3	
1	8		5		9		4	3
	6		4		1		7	

DAY 187

	6			3			5	
		7	2		9	1		
		1				6		
	2		6		7		9	
9								5
	5		1		4		8	
		5				4		
		2	5		8	9		
	9			1			3	

DAY 188

	9	1		8		7	6	
		7	1		6	3		
2			7		3			8
				5				
			2		4			
7	5		9		1		3	6
		9		2		8		
4	3						9	5

DAY 189

4		7	6		3	5		8
3		5		1		2		7
8			2		1			5
	9			6		4		
7			8		4			1
9		3		4		8		2
2		8	9		5	1		4

DAY 190

		4	6	3	7	1		
	7						3	
2		3				9		7
7				6				2
1			3		9			4
4				5				1
3		8				7		9
	1						8	
		9	8	7	5	2		

DAY 191

	4						9	
6			9	7	4			2
			8		6			
	2	8	6		3	5	4	
	3						2	
	7	9	2		8	1	3	
			3		7			
3			1	6	2			9
	1						6	

DAY 192

				6				
		8	5	9	3	7		
	3		7		1		9	
	4	3				9	5	
6	9						4	7
	7	5				6	8	
	5		2		6		3	
		2	3	7	5	4		
				4				

DAY 193

8		1		9	6			
7			8		4		1	
6				3				2
		8					4	1
4								3
1	5					9		
9				2				4
	8		4		7			9
			9	8		6		5

DAY 194

				1	2		5	
6		3			7			
		2				1	3	
4	5							
1				9				7
							1	4
	8	7				9		
			9			2		5
	6		2	4				

DAY 195

2	7		4		8		9	5
5				1				2
			9		5			
6		5				7		3
	3						4	
4		1				9		8
			8		2			
8				4				9
9	4		3		6		8	1

DAY 196

	8		5		1		3	
3	9	4		8		1	7	5
9								3
4	1	8				5	9	6
2								1
7	4	6		2		3	1	9
	3		1		9		4	

DAY 197

	7		1		8	2		
					6	7		4
9	5		7					
7	8					4		5
2		5					1	6
					9		7	1
3		7	8					
	2	5		7		9		

DAY 198

	6		2		7		8	
8			5		4			7
		7		8		6		
4	3						6	5
		8				7		
7	1						9	8
		5		4		9		
9			1		3			2
	4		9		2		7	

DAY 199

	1		3				8	
5		3						1
				1	2		3	
	9	1	3	5				4
	4	7		8	5			
3		4	9	6	8			
	3	6	5					
6						1		8
	5				1		6	

DAY 200

	3		7		6		5	
	6		9					3
8					4			
						2	8	
		6	3		2	1		
	8	5						
			5					1
5					9		7	
	4		6		1		3	

DAY 201

	4					1		3
				3				9
3	7		2			5		
1				2	3		4	5
			6		8			
7	3		1	5				8
		8			2		5	1
5				6				
6		3					9	

DAY 202

4							8	
9								6
7			3	9	5			1
5				6				8
	1						5	
4				8				3
8			2	4	3			9
3								7
	2						6	

DAY 203

4		2					7	3
9					1	4		
	8		3					5
	5		4	2	8	3		
			9		3			
		9	7	1	5		4	
1					6		3	
		3	1					8
2	9					5		4

DAY 204

6								5
	3		8		6			
	7		4		1		2	
	7	5		2	3			
5						6		
	1	9		6	5			
	4	8		9		7		
	6		2		1			
2								9

DAY 205

			6	8	1			
		8		7		3		
	6		2		3		4	
5		2	4		7	6		9
7	9						5	1
8		6	5		9	4		3
	7		8		6		3	
		3		9		7		
			7	3	5			

DAY 206

2			7		9			6
		1				5		
	4		6		1		2	
1		9		2		7		8
			9		8			
8		4		7		6		3
	9		5		3		7	
		2				3		
7			4		2			1

DAY 207

		5				1		
	7		3		8		5	
3			5		9			8
		9	8		2	5		
	8		1		4		7	
		6				9		
		3	6		1	8		
				4				
	6						4	

DAY 208

	9			1				
	5	8	7					4
		2		4		7		
	8				7	4		
4	2						9	8
	5	7			2			
	3	9		5				
1			6	2	4			
			8				2	

DAY 209

2				1				5
	1		4		5		2	
		4	2		3	1		
	4	3				9	7	
5								6
	8	1				2	5	
		2	9		4	7		
	7		1		8		9	
1				7				3

DAY 210

	1						8	
3	4		1		9		2	7
		7		4		3		
	9		3		4		7	
		3				8		
	6		2		8		4	
		5		2		1		
6	3		7		1		5	4
	2						6	

DAY 211

	3			5			7	
8			4		7			5
			9		8			
	2	6				5	3	
5				6				4
	9	3				7	8	
			1		3			
3			5		6			7
	6			8			9	

DAY 212

7		5			9			3
	3				4	8	9	
	6							5
2	1		3		7			
			9		8		7	2
6							1	
	9	1	6				5	
5			4			3		7

DAY 213

7					3		8	
		8				7		
				5			9	
1			4					
6	5		7		9		4	1
				6				7
	9		6					
		4				8		
	7		1					4

DAY 214

		2					5	
8					5	7		
	6			1		9		8
				8			9	
	1	8		6		4	3	
	3		5					
5		6		3			8	
	9	1						3
	7					2		

DAY 215

4								2
3		9		5		8		4
	2		4		9		6	
9		5				3		6
		4	9		8	1		
		6	1	9	5	2		
	5	1	3		6	4	7	

DAY 216

			9	2	1			
		3	8		6	5		
	6			3			8	
1	3						7	5
6		4				8		3
7	8						6	9
	4			8			1	
		6	4		5	7		
			2	6	9			

DAY 217

		5	9					
	4	2				3	1	
	6				2		7	5
		1		3				8
			7		5			
5				9		6		
3	1		4				2	
	2	4				9	3	
				9		1		

DAY 218

			2		8	9		5
	5				3			
			6					
3	6					1		
	4	7		9	3			
	1				5	9		
			2					
		5					6	
2	3	8		4				

DAY 219

		5			2	9		6
								1
4				8				
		1	3				5	
	5						8	
	9			1	6			
		6						8
3								
6		4	1			7		

DAY 220

			2		6			
8			1		9			3
	2	7		8		4	6	
4								1
	6	8				9	4	
		1				8		
3			9		7			4
	4		3		2		9	

DAY 221

	2			7			9	
4			2		1			8
		3				1		
	1			9			4	
2			4		6			5
	4			5			3	
		9				5		
8			7		9			6
	6			4			7	

DAY 222

		2		8		3		
			7		6			
7			4		9			6
	1	7				4	2	
2								1
	4	5				8	9	
5			9		2			3
			3		8			
		9		1		5		

DAY 223

		2		1	7		9	
9		6	3			5		
	4						8	1
1				3			6	
8			6		1			9
	6			2				8
6	9						4	
		5			3	8		6
	3		1	7		9		

DAY 224

		7		4				1
5			3					
				1	8			6
		1		3	2	9		
	8						2	
		3	9	7		6		
8			2	6				
					3			2
3				9		7		

DAY 225

	9			2			3	
5	2		8		9		6	7
	4		7	5	6		9	
8			9		4			6
	5		3	8	2		7	
3	6		2		8		5	4
	8			9			1	

DAY 226

			4			7		
		9		6	7	2		
5	7						4	
	5		6		1			2
	1						6	
2			7		4		5	
	2						7	3
		3	8	2		9		
		1			9			

DAY 227

			5	6	9			
4								9
	5		7		4		3	
	2			3			4	
				1				
	6	4				7	9	
	7	1				9	8	
		9				5		
			2		5			

DAY 228

				4		3		2
	4				1			
8					2			9
	9		4			2		
	7						3	
		1			6		7	
9			1					8
			8				5	
2		5		3				

DAY 229

			1	3	9			
		2				9		
9	6			5			4	8
	3					2		
	7	9				4	5	
	4					8		
7	2			4			3	6
		6				5		
			3	6	1			

DAY 230

		8	1			2	4	
2						3		
1	3				5			6
		6		9				4
			8		7			
3				6		1		
6			9				7	2
		7						1
	2	9			6	8		

DAY 231

6		8					1	5
4				1	8			
			6					3
	8			5		1		
	4		1		3		5	
		6		9			7	
8					4			
			5	7				1
2	7					4		6

DAY 232

		3	8					
	4			5		7	8	
		6			3		7	
8		7		9				
4								5
				8		6		2
	7		2			9		
	9	3	7				6	
				9	3			

DAY 233

4			5		7			6
		7	4		3	5		
	6			5			9	
1		8				6		2
			3		8			
	4			8			5	
			2		4			
	2	9				4	7	

DAY 234

2			6		5			3
	9						2	
	4		7		8		6	
4				1				6
	1	6				7	3	
8				3				9
	8		1		4		9	
	6						5	
1			9		2			8

DAY 235

	2		5		6			
		9	3		8			2
				1			5	
1	3						2	8
		4				7		
2	5						9	1
	8			3				
4			8		5	9		
			9		4		3	

DAY 236

1			5		7			3
	5			1			4	
	7						9	
8								2
			2		3			
5	2		9		6		7	4
		8				2		
			8		1			
		7				3		

DAY 237

5	7			1	6			
2		9			8			
	8			2				
8	6	1						
		3				4		
						1	7	6
				4			8	
			3			6		5
			2	6			4	1

DAY 238

		6				9		
		8	4		9	7		
9	1						4	5
	7			5			3	
			2		1			
	2			8			5	
7	4						2	1
		9	8		2	3		
		2				5		

DAY 239

			1				3	
		3	6			9		
8		6				4		5
		9		1				
5			7		3			2
				9		1		
7		8				6		4
		5			9	2		
	4				1			

DAY 240

		9			4		7	
			8			3		
8				3			9	
5			9		2			
4								2
			4		8			5
	1			6				9
	8				3			
	3		7			5		

DAY 241

				9	3	4	8	
3		4						
5				2		9		
9		8	6					
7			3		1			8
			8		7			6
	4		5					9
						5		3
	3	5	7	1				

DAY 242

			3		1			
5								6
		4	2		9	5		
8	1						3	2
	4		6		8		5	
9	5						4	8
		7	8		5	1		
1								5
			1		2			

DAY 243

7	2						6	1
1								9
		9	2		5	8		
	6	7		9	1			
			5					
	7	1		2	4			
	1	3		8	9			
2								6
5	4						1	2

DAY 244

9		4				8		1
		6				3		
5	3	2		1		6	9	7
			1		9			
		1		5		2		
			3		8			
2	1	9		7		5	6	8
		7				1		
6		3				9		2

DAY 245

6				1	4			2
			3			6		
	1		7	6				
7						2	3	
3		2				4		1
	4	8						7
				4	5		8	
	4				7			
1			8	9				4

DAY 246

9	7		3		5		4	8
5				9				3
			7		4			
7		6				4		9
	2			3			7	
1		8				3		5
			1		3			
3				7				4
2	8		5		9		3	6

DAY 247

	1	9				4		
	6		4				9	7
4					5			2
		1	5		7		3	
	7		3		1	5		
1			7					8
3	8				9		1	
		6				7	5	

DAY 248

			3	1				
	9	3					4	
			4		2	8		
						7		2
9				6				1
4		1						
		4	9		7			
	7					1	5	
				5	6			

DAY 249

7	9				5	1		
	4			3				
3				2				
			2			9	7	
4	5						1	8
	7	8			9			
			5					6
				1			3	
		5	4				8	1

DAY 250

		2	1		8	4		
				5				
9			2		7			8
8		7	6		9	5		2
	1						6	
6		3	5		1	8		4
1			8		4			5
				2				
		8	7		5	9		

DAY 251

	4			7			2	
			5		8			
6			9		4			1
			2		5			
		8				9		
	2						5	
	3		7		6		8	
	5	1				4	7	

DAY 252

				1				
	7		6		8	5		
	1		3		4		7	
9	1	8		2		4	3	
3								5
2	4	9		3		7	1	
8		5		7			9	
	2	1			9	3		
				3				

DAY 253

		1		9		2		
			1		3			
3			2	6	8			4
	4	7				6	2	
8		5				4		1
	3	6				7	5	
5			7	1	2			6
			9		6			
		2		8		1		

DAY 254

5	1						7	2
		2	6		4	3		
	5	3		1		9	4	
	4	9				7	5	
			3		1			
7								6
	6			5			2	

DAY 255

			9		1	7		
	3					4		1
	6		8					
		7	5					9
8				4				2
4					3	6		
				2			6	
6		4					2	
	2	7		8				

DAY 256

	9	1				7	2	
2			7		1			9
6		5				8		1
	2		1		4		3	
				2				
	1		6		5		9	
1		9				2		8
4			9		8			3
	3	7				9	1	

DAY 257

3	2	7		1	5	9		
	1		5				3	
			9					
7	1				4	5		
	5	4		8	1			
4	3					9	6	
			6					
2			4				1	
8	6	3		9	7	4		

DAY 258

		6	2		4	8		
			7		1			
8				6				3
3	1						8	7
		9				5		
5	8						6	9
2				1				6
			6		5			
		5	4		8	9		

DAY 259

	8	7	9		5			
2								
5	9	1		3				
1			6					
	4	2				8	1	
					3			9
				7		9	5	3
								1
			1		8	2	6	

DAY 260

3								1
	7				1		8	
		6		5				
6			4	3		8		
	8		5		7		9	
		7		6	9			3
				9		4		
	6		3				1	
5								6

DAY 261

			6	8	2			
2				1				9
		1				3		
	4	9				7	8	
7			9		5			3
3								6
	5		8		3		2	
	3			6			4	

DAY 262

8							1	2
6		2					4	
					1			
	4	8	5		6	1		
		7	2		8	5	6	
			8					
	8					9		4
4	3							7

DAY 263

9	1		6		5		3	7
6				1				8
			7		8			
5		4				7		1
	3						4	
8		2				3		6
			9		6			
4				7				3
7	5		4		3		6	9

DAY 264

1					8	7		
		7					1	2
		3	7					
				9	5	1		
	4						9	
	6	1	2					
				6	9			
7	2					8		
	3	5						9

DAY 265

		6		9		8		
7								4
		2		7		9		
	8		9		5		4	
	6		1		4		3	
		1				6		
	7						2	
			3		6			
	5			8			6	

DAY 266

			8	7		2		
	2	8	1			7	6	
5	7				9		1	
		1	4		3		9	2
8								7
4	3		9		7	1		
	8		6				7	3
	4	3			8	6	2	
		7		9	2			

DAY 267

7	1		5		2		6	9
6								7
		4				2		
5			2	9	4			6
			8		3			
8			6	5	7			1
	9					6		
1								4
3	6		4		9		7	5

DAY 268

4	3							
	1			8			3	2
6						5		
			8	3	9			
9				5				6
			4	6	2			
		9						7
5	6			9			8	
							1	3

DAY 269

						3		2
			7	3	1			
5					9		7	
2				7			5	
		3				2		
	1			8				6
	4		3					7
			9	6	5			
8		2						

DAY 270

		1	2					8
	3	9		4		7		
			1				4	
			2					7
	9	8				1	3	
6					8			
	2			8				
		7	4		1	2		
8				3		5		

DAY 271

		9		2		8		
8								5
			7	9	8			
	1						9	
	8	6				4	1	
7								3
3			6		5			1
	7		3		4		6	

DAY 272

		6				1		
	5		3		7		8	
3			2		1			4
	1	2		3		8	4	
			1		8			
	6	3		7		9	2	
6			8		5			2
	9		6		3		1	
		5				3		

DAY 273

2	4			6	1			
		5						
	6			9	1			2
9					7			5
				8				
5			1					7
8			4	1			6	
						4		
		6	3			8	7	

DAY 274

7				2				3
4								5
			7		1			
6	2			8			4	9
1		3				8		6
	5					9		
			8		5			
	3		2		4		6	

DAY 275

	2	4			1			
3								
			6				8	3
		2		5				1
		7				4		
4				2		3		
6	1				8			
								6
			1			7	2	

DAY 276

	3	7	2					
					3	7		1
	8			4				2
	9			3				6
		6	9		4	5		
5				8			2	
2				9			8	
8		4	1					
					8	6	4	

DAY 277

		7			1			4
	3				5	9		2
		1		6			8	
	7						1	
	9			8		6		
4		8	6				7	
9			4			5		

DAY 278

					4	5		
	1						2	3
8	6		2		3			
9		6	1		2	4		
		2	6		9	7		3
			3		5		7	1
	3	8					4	
		1	8					

DAY 279

3								8
	9						4	
		4		3		7		
7	3		8		4		1	2
	6						8	
9			1		8			7
5								1
		7	2		6	5		

DAY 280

		8			5	7		
	4			2	9		5	
5								6
6	7			8				
	8		1		4		6	
				5			7	4
4								3
	5		4	3			1	
		3	2			4		

DAY 281

9			8		6			5
		3	2		1	8		
	2			9			1	
1	3						4	9
		8				1		
5	7						8	6
	8			2			6	
		4	7		8	9		
7			6		3			8

DAY 282

	4						6	
2		1		7		9		3
	3	5		4		8	2	
			8		4			
	8	2		1		4	9	
			9		2			
	7	6		9		3	8	
4		3		8		5		2
	2						7	

DAY 283

	9						2	
		8		9	7			5
				5		4	6	
		5			9		1	
	8		4			2		
	4	1		7				
9			8	3		6		
	5						8	

DAY 284

	6						7	
				2				
		3	4		7	8		
2				9				8
8								6
3				4				5
	7		5		1		9	
6	9						5	7
		1				4		

DAY 285

	1		2		3		5	
7			9		5			2
		5				4		
3	2		4		6		8	1
8	9		3		7		4	6
		4				2		
1			6		2			4
	3		7		4		6	

DAY 286

	4				6			
			9	2			7	
					4	6		9
				5	2			7
8		1				5		6
7			6	8				
3		7	2					
	2			7	9			
			5				8	

DAY 287

9	5		6	8				
					1			
2	1				5			6
3		2				6		4
1		5				2		8
4			3				7	9
			8					
				9	6		5	1

DAY 288

	9				8		6	1
		1	6	7		4	8	
		5		9				
		2		3				4
			7		2			
3				4		2		
				8		1		
	5	7		6	1	3		
1	4		2				7	

DAY 289

					7	3	4	
2			1	4		8		
1	3							
8				7			6	
	7		4		2		3	
	1			5				7
							5	2
		8		3	9			4
	9	1	2					

DAY 290

7						3		
	2				4			8
	4	6		7				
	8		2					5
		7		5		1		
4					1		8	
				2		8	9	
3			1				6	
		2						4

DAY 291

4			7	8	3			6
	7						1	
7	3		5		4		2	1
1				9				4
	4		1		8		6	
9								2
	1		2	3	9		4	
		7		1		6		

DAY 292

	9			3		2		
	5		8			9		
8			4					
					5		2	8
2				9				7
6	4		7					
					1			6
		7			8		4	
		9		4			5	

DAY 293

					2	8	5	
9			4			2		
1	2	4	6			7		
5						3	4	
	1	3						9
		9			7	6	2	8
		1			4			5
	5	7	9					

DAY 294

6			3					2
3	2		4			1		
	8		6		1			
						3	4	5
4				9				8
2	5	6						
			5		3		8	
	3				2		1	4
5					6			3

DAY 295

3		4				5		8
8	1						7	6
				3				
6			5		4			9
	9						6	
		6	9		5	1		
	3	7		8		9	4	
				2				

DAY 296

			2	9	6	3	8	
8								
2		5	1			7		
7			9		5	6		2
5								8
6		3	4		8			7
	8			4	5			9
								3
	4	7	3	5	9			

DAY 297

			1	4		8		3
8			7				6	
7	8			3		1		
	9	4				5	2	
		1		2			9	7
	5				8			2
9		8		5	1			

DAY 298

						4		8
6				1				
	9	5				6		
			7	6		8	1	
	4						2	
	3	1		8	2			
		2				7	9	
				5				4
9		3						

DAY 299

		8		6		5	4	
			1				6	9
					4	2	1	
	6	5		4		1		7
1		2		8		3	9	
	5	1	6					
4	2				1			
	8	6		7		9		

DAY 300

7								4
	9		1		7		2	
			4		6			
	3	9				1	6	
4		1				9		8
	2					6		
	8					5		
	1		9		3		4	

DAY 301

2		9				4		
			4		5		1	
			3	8				
					6	2		
7	1						8	3
		8	1					
				5	8			
	9		2		1			
		5				7		4

DAY 302

5	2							
	9							6
		6	1				3	
	3		2			1		
4			6		8			3
		8			7		6	
	1				4	5		
7							2	
							4	8

DAY 303

	4		5		7		6	
	3		6		4		8	
	1	3				6	7	
5		8				2		4
		2				9		
9								7
7			3	5	2			6
				9				

DAY 304

	9			6			4	
7				8	9			
		3	2					
	8			1		9		
5								7
		2		9			6	
					5	1		
			4	7				3
	1			3			5	

DAY 305

8		3	4		7	2		1
		5	3	2	6	8		
5				7				3
			8		1			
9				3				2
		7	6	5	3	1		
1		8	9		2	5		6

DAY 306

8			6	5	4			2
	9		2		3		4	
				8				
1	6						8	7
7		9				3		5
3	8						9	1
				4				
	2		5		6		1	
6			1	9	8			4

DAY 307

				4				
		9				4		
6	2						3	7
			3		5			
5								8
		2	8		7	9		
1			6		9			5
	9		7		1		8	
	5						7	

DAY 308

					9			
		5	4			3		
	2			5	1		8	
5		4		7				1
		8	2		3	6		
	6			4		7		9
	4		5	3			9	
	3				2	5		
			7					

DAY 309

	1		2			8		
	9	8			4			2
2				1				
		4	9			7		
3								5
		2			6	4		
				7				1
9			5			6	3	
		7			8		2	

DAY 310

						1		
2		3	1	5		4		8
			8		7			
	8			6	4	9		
4	6						5	3
	1	5	7		6			
			9		5			
5		6		8	1	3		2
	2							

DAY 311

		9				5		
				3				
5								7
2			4		6			3
	3		5	2	1		6	
	1						5	
		5	6		3	4		
9	7						1	6

DAY 312

8	2						4	5
	7		4	3	1		6	
			9		8			
	1						5	
9			3		6			2
		7				8		
		5	6	2	3	1		

DAY 313

1		2	8				6	5
3					6			
				1				3
	5			7				2
		1	6		5	8		
2				8			1	
9				6				
			3					1
6	1				4	3		9

DAY 314

		3			9			
	5			8			6	
		1	7			5		9
1				7		9		
	7		4		6		2	
		4		2				6
7		6			5	3		
	1			3			5	
			8			7		

DAY 315

7	6	8	1					
							4	
	2		7			6		
5		3	2					
2				8				3
					4	1		6
		9			2		6	
	8							
					5	9	8	7

DAY 316

	6	4				2		
	9		1					6
7			8		2			
					5		9	2
	3						4	
2	8		4					
			6		3			5
1					8		7	
	3					8	2	

DAY 317

4						6		
		9		5		1		3
	3							
			4	3				2
	7			1			4	
1				2	5			
							5	
6		8		9		2		
		4						8

DAY 318

			2		1			
5								3
		1	5		4	9		
	3	8				5	9	
6	1						3	8
		3		8		2		
2		7	1		9	3		4
9	8						7	6

DAY 319

	3	6				5	7	
	8			9			3	
		7			6			
7	5			6		2	8	
			8		5			
6	1		7			3	5	
			6		8			
5				2			1	
2	4					8	6	

DAY 320

		8	2	9			5	
9					7			
			8	4				1
	5					7		9
3		4				1		8
2		6					3	
4				7	3			
		1						2
	6			2	8	4		

DAY 321

8								1
	7				9			
6		2			3	9		
		9	8		7	6		
	6						1	
		7	3		2	4		
		8	5			1		7
			2				9	
9								5

DAY 322

4					9		7	2
8		9	3			6		
	1						9	
5				3			4	
			5		4			
	8			7				3
	9						8	
	5			8	9			7
2	4		1					6

DAY 323

	8	2	9					
1			7					
				5			7	
					4	5		2
	4			9			1	
2		3	1					
	7			8				
					1			6
					2	9	8	

DAY 324

	3			8			7	
4					1	8		2
	8		9		4			
	7	4				6		
9								1
		6				9	2	
			4		3		6	
1		2	7					3
	6			2			1	

DAY 325

7								5
	4	2				8	6	
	8						9	
			9		2			
4		1		5		9		7
				6				
6		8		9		5		1
5				7				6

DAY 326

	3		6		9		2	
8								6
		9		1		8		
1			5		8			3
		6		3		5		
3			2		4			1
		3		5		7		
4								8
	5		9		1		6	

DAY 327

2				3			6	
3	6				2			
9		8						
			5			1		
4		9				7		6
		5			3			
						5		7
			7				4	9
	1			8				2

DAY 328

	7		8	9				2
		9						
	5				4			7
		3	9				6	1
				1				
7	4				6	2		
5			2				3	
						8		
8				5	9		4	

DAY 329

	9		1		3		7	
3								9
			8		6			
1								5
8				4				3
		3	5		8	1		
		7				6		
6				2				8
	5						2	

DAY 330

7				5				9
	8	3			6	5		
	9							
			5	4		9		
	9					3		
	7			6	1			
							2	
	5	6				1	7	
6				2				4

DAY 331

2						9		3
6	3					4	8	
					4			
	1		8					
4			1		3			8
					6		5	
			7					
	4	6					2	7
8		2						5

DAY 332

		9		1		4		
5			8		2			3
	3						2	
3			9		4			1
	1			2			9	
6			5		1			8
	5						4	
1			2		7			9
		3		8		7		

DAY 333

2				5				6
		8				4		
6		3		9		8		1
		2	5	6	1	9		
		5	8	7	9	3		
5		7		2		6		4
		4				2		
9				4				8

DAY 334

	3	8						
	1		4		5	8		
								7
			8	7			3	5
	6						2	
5	2			9	3			
6								
		9	2		1		5	
						9	4	

DAY 335

9	5				4			
	6	1		2				
					7			8
6							1	9
				3				
4	9							7
1			6					
				8		9	5	
			7				3	4

DAY 336

		3					9	
	6		3		1		5	
1	7		8		9		6	2
			1		5			
				6				
8				3				6
9								4
	2		4		6		7	

DAY 337

2			8		6			9
		4				7		
	9			7			5	
3				1				2
		2	5		3	6		
1				9				4
	2			3			7	
		3				4		
7			4		1			3

DAY 338

8			2			9	5	
		5		1				3
	9							
5				4			7	6
	7						2	
6	1			3				9
							9	
7				6		8		
	2	1			4			7

DAY 339

		6						7
	2	3			1	6		
8							3	
	3			5	8		9	
				3				
	8		9	2			6	
	4							1
		1	5			2	7	
2						8		

DAY 340

			7			1	8	
4					8			
6			1		3			
	6	2		9		5		
1			6		5			2
		3		8		7	6	
			5		9			4
			8					7
	9	6		1				

DAY 341

	9		6		4		2	
5				2				1
		8	5		3	4		
6		7				5		9
	8						4	
9		2				6		8
		9	3		8	1		
8				6				4
	5		2		7		8	

DAY 342

	5	4				9	3	
			5		3			
	2						7	
			7		1			
8								3
	4						2	
9				7				8
4								2
	3		9	2	5		6	

DAY 343

9			6					5
				9			8	
				4				6
	7				2	1		
6			9		5			8
		8	7				5	
2				3				
	4			5				
5					1			2

DAY 344

	9			7			8	
			3		1			
		4				3		
		3		6		9		
9			5		2			4
2	4						5	3
	5	7		1		8	9	
		9				7		

DAY 345

1			8		4			5
7								2
			3		9			
	4		2		5		1	
6				8				3
	7						6	
			4	1	8			
		8				9		
	2						5	

DAY 346

3			4					2
		2		6				
		1				6	3	
				5				9
	9		8	7	3		4	
6				9				
	7	6				5		
				3		7		
8					2			1

DAY 347

5								9
				1			6	
7				2		3		
		2	4				1	
		9				8		
	1				8	6		
		5		9				2
	9			3				
6								7

DAY 348

6		8				2		4
1	4	2				3	9	5
5			7		6			3
		1	2		4	6		
4			9		8			1
8				2				6
		3	1		5	9		

DAY 349

8						4		2
	2		8				1	
5		1			2	9		
		7	9		3		8	
				2				
	4		7		1	3		
		4	2			5		6
	3				9		4	
6		5						7

DAY 350

		6	2			3		8
	8		4					7
		2		3				
	5		1					
		3				1		
					3		6	
				4		6		
7					8		3	
5		8			9	2		

DAY 351

5				6			7	9
4	3				5		1	
			3					
	5			9		7		
6			8		7			4
		2		5			6	
					9			
	8		2				9	1
9	4			1				2

DAY 352

		3			9		1	5
		9						
				1	6	9	7	
				5				2
1			9		4			8
4				8				
	5	7	1	9				
						7		
8	3		2			5		

DAY 353

		8				1		
			3			2		7
9	4					6		
	8			9	4			
2								1
			8	3			2	
		4					5	3
6		2			3			
		5				9		

DAY 354

					3	7		6
		4			1			
9			7			1	3	
	9							8
			6	7	8			
4							2	
	1	9			7			2
			8			6		
2		3	4					

DAY 355

					8			6
	8			5	4	3		
	3							5
		6						
	9		3	6	1		5	
						7		
5							3	
		2	1	8			9	
7			2					

DAY 356

1			4					2
	6	4		7			3	
			6		8		4	
		2				1		7
	5						2	
9		6				8		
	4		9		6			
	9			2		4	1	
3					1			6

DAY 357

8	9						1	4
7								6
			4		9	1		
		8	6			7	4	
		5					2	
		4	5		3	7		
			3	6	8			
5								8
1	8						3	2

DAY 358

5								1
7			2		1			9
	4	1	7		8	6	2	
		3		2		8		
3		4		5		7		8
			3		4			
		8				4		

DAY 359

					2	4		6
3				1				5
		9	8			1		
9					5		2	
				9				
	7		3					8
		5			8	7		
1				2				4
7		3	5					

DAY 360

6		7			2			
					8	6		
3							7	
	1				9		8	
5			2		7			4
	7		3				1	
	6							3
		4	5					
			9			1		2

DAY 361

			9		1	8		
8		7				1		
	4							2
	1		6			5		9
			4	3	8			
6		8			9		4	
9							6	
		2				3		5
		4	1		3			

DAY 362

8			6		7			9
6			2		4			8
4		6		5		2		1
	7						5	
			7		9			
1	2			4			3	5
		3				6		

DAY 363

	9			8	4			2
2			3			7		
		3					8	
			7	3		4		
6								5
		4		1	5			
	8					9		
		5			2			8
4			8	9			6	

DAY 364

		3						6
			3	5		9		
		8			1		3	
7	5		4					
		4				8		
					7		2	3
	9		2			1		
		5		8	6			
2						7		

DAY 365

	6		9			2		
						7	8	
		3			2			1
		2	8					7
	4						3	
3					5	9		
5			7			4		
	8	1						
		6			8		2	

SOLUTIONS

Day 1

5	9	7	4	8	1	6	2	3
2	1	4	3	6	7	8	9	5
8	6	3	5	2	9	7	1	4
1	3	5	6	9	8	2	4	7
7	2	8	1	3	4	9	5	6
6	4	9	7	5	2	1	3	8
4	7	6	2	1	5	3	8	9
3	8	1	9	4	6	5	7	2
9	5	2	8	7	3	4	6	1

Day 2

8	4	5	7	3	2	9	1	6
9	1	2	5	6	8	7	3	4
3	7	6	4	9	1	5	2	8
6	5	4	2	1	7	8	9	3
2	3	9	8	4	6	1	5	7
7	8	1	3	5	9	4	6	2
1	6	8	9	7	3	2	4	5
5	9	7	6	2	4	3	8	1
4	2	3	1	8	5	6	7	9

Day 3

5	7	3	4	1	6	9	8	2
8	2	9	3	7	5	6	4	1
1	4	6	2	9	8	7	3	5
9	5	8	6	2	3	4	1	7
2	6	7	9	4	1	3	5	8
4	3	1	8	5	7	2	6	9
3	9	2	5	8	4	1	7	6
6	1	5	7	3	2	8	9	4
7	8	4	1	6	9	5	2	3

Day 4

5	9	8	1	3	6	4	7	2
4	7	6	8	2	5	9	1	3
2	3	1	4	9	7	8	5	6
3	4	7	9	1	2	5	6	8
8	1	5	7	6	3	2	9	4
6	2	9	5	8	4	1	3	7
1	8	4	3	7	9	6	2	5
7	5	2	6	4	1	3	8	9
9	6	3	2	5	8	7	4	1

Day 5

4	9	1	7	6	3	5	8	2
8	7	6	4	5	2	1	9	3
3	5	2	1	8	9	4	7	6
2	6	3	9	1	8	7	4	5
9	8	7	2	4	5	6	3	1
1	4	5	3	7	6	9	2	8
5	1	4	8	3	7	2	6	9
6	3	9	5	2	4	8	1	7
7	2	8	6	9	1	3	5	4

Day 6

7	1	4	9	3	6	5	8	2
9	2	8	7	5	1	4	6	3
5	6	3	8	4	2	7	9	1
4	5	6	1	9	7	3	2	8
3	9	2	4	8	5	1	7	6
8	7	1	6	2	3	9	5	4
2	4	9	5	1	8	6	3	7
1	8	7	3	6	9	2	4	5
6	3	5	2	7	4	8	1	9

Day 7

2	3	4	1	7	9	8	6	5
9	5	1	6	4	8	7	2	3
8	7	6	3	2	5	1	4	9
7	6	9	4	8	3	5	1	2
5	8	2	7	6	1	9	3	4
1	4	3	5	9	2	6	7	8
6	9	8	2	3	7	4	5	1
3	1	7	8	5	4	2	9	6
4	2	5	9	1	6	3	8	7

Day 8

7	1	2	8	9	3	4	5	6
8	9	3	6	4	5	1	7	2
6	4	5	1	2	7	3	9	8
1	3	9	7	8	4	6	2	5
5	7	8	3	6	2	9	4	1
4	2	6	9	5	1	7	8	3
3	8	4	2	1	9	5	6	7
9	6	1	5	7	8	2	3	4
2	5	7	4	3	6	8	1	9

Day 9

1	6	5	4	8	7	2	3	9
9	3	7	6	2	1	5	4	8
2	8	4	3	5	9	6	1	7
3	5	9	8	1	4	7	6	2
7	1	2	9	6	5	3	8	4
6	4	8	7	3	2	9	5	1
4	7	1	5	9	3	8	2	6
5	9	6	2	4	8	1	7	3
8	2	3	1	7	6	4	9	5

Day 10

7	8	9	4	5	2	1	3	6
1	4	5	6	3	9	2	7	8
2	3	6	8	7	1	5	4	9
6	7	8	1	2	3	4	9	5
9	2	1	5	8	4	7	6	3
4	5	3	7	9	6	8	1	2
5	1	4	9	6	8	3	2	7
3	6	7	2	1	5	9	8	4
8	9	2	3	4	7	6	5	1

Day 11

3	7	8	2	4	5	9	6	1
9	4	6	1	7	3	8	5	2
1	2	5	8	9	6	7	4	3
2	1	7	9	6	8	4	3	5
6	8	3	5	2	4	1	7	9
4	5	9	7	3	1	6	2	8
5	9	2	4	8	7	3	1	6
8	6	4	3	1	2	5	9	7
7	3	1	6	5	9	2	8	4

Day 12

8	9	4	2	7	3	1	5	6
7	1	3	5	6	9	2	4	8
5	6	2	8	4	1	3	7	9
2	7	1	3	8	5	9	6	4
3	4	8	7	9	6	5	1	2
9	5	6	1	2	4	7	8	3
4	2	5	6	3	7	8	9	1
1	8	9	4	5	2	6	3	7
6	3	7	9	1	8	4	2	5

Day 13

1	8	4	6	2	7	5	9	3
7	2	5	3	8	9	1	4	6
3	9	6	1	4	5	7	2	8
6	5	9	7	1	3	2	8	4
8	7	1	2	6	4	9	3	5
4	3	2	5	9	8	6	7	1
5	4	7	9	3	1	8	6	2
2	1	3	8	7	6	4	5	9
9	6	8	4	5	2	3	1	7

Day 14

2	7	5	6	3	1	8	4	9
6	8	1	7	4	9	5	3	2
9	4	3	8	5	2	7	6	1
4	1	9	2	8	6	3	5	7
7	5	6	9	1	3	4	2	8
8	3	2	5	7	4	9	1	6
5	6	7	4	2	8	1	9	3
3	2	8	1	9	5	6	7	4
1	9	4	3	6	7	2	8	5

Day 15

8	4	7	2	6	5	9	1	3
3	2	1	7	9	4	6	5	8
5	6	9	3	8	1	4	2	7
2	8	5	6	1	9	3	7	4
6	1	3	5	4	7	2	8	9
7	9	4	8	3	2	5	6	1
1	3	6	4	2	8	7	9	5
9	7	2	1	5	3	8	4	6
4	5	8	9	7	6	1	3	2

Day 16

8	7	1	4	9	3	5	2	6
2	5	6	8	7	1	9	3	4
3	4	9	6	5	2	7	8	1
9	2	3	7	1	8	4	6	5
4	6	8	5	2	9	3	1	7
5	1	7	3	4	6	2	9	8
7	3	2	1	6	5	8	4	9
6	8	5	9	3	4	1	7	2
1	9	4	2	8	7	6	5	3

Day 17

5	9	8	2	3	6	1	7	4
4	2	1	5	7	9	6	8	3
3	7	6	1	8	4	5	9	2
1	5	9	8	4	2	7	3	6
8	6	2	7	1	3	9	4	5
7	4	3	6	9	5	2	1	8
9	1	5	4	2	8	3	6	7
6	8	7	3	5	1	4	2	9
2	3	4	9	6	7	8	5	1

Day 18

8	6	9	4	7	2	3	1	5
7	1	3	5	8	9	6	2	4
2	5	4	3	1	6	8	9	7
4	3	7	8	2	1	9	5	6
9	8	5	7	6	3	1	4	2
1	2	6	9	4	5	7	8	3
3	4	2	6	9	8	5	7	1
5	7	8	1	3	4	2	6	9
6	9	1	2	5	7	4	3	8

Day 19

3	5	8	1	2	7	6	9	4
4	6	1	8	9	3	5	2	7
9	7	2	5	6	4	8	3	1
1	8	4	9	3	6	7	5	2
5	3	7	2	4	1	9	6	8
6	2	9	7	5	8	4	1	3
2	4	3	6	8	9	1	7	5
7	9	5	4	1	2	3	8	6
8	1	6	3	7	5	2	4	9

Day 20

6	8	9	2	5	1	4	7	3
5	1	4	3	7	9	6	2	8
7	3	2	4	6	8	5	9	1
1	9	7	8	2	5	3	4	6
8	6	5	7	3	4	2	1	9
4	2	3	1	9	6	8	5	7
2	5	6	9	1	3	7	8	4
9	7	8	6	4	2	1	3	5
3	4	1	5	8	7	9	6	2

SOLUTIONS

Day 21

9	8	7	4	6	5	2	1	3
3	4	1	8	2	9	7	5	6
5	6	2	3	7	1	8	4	9
2	1	9	5	8	6	3	7	4
6	7	3	1	4	2	5	9	8
4	5	8	7	9	3	1	6	2
8	3	6	9	1	7	4	2	5
7	9	4	2	5	8	6	3	1
1	2	5	6	3	4	9	8	7

Day 22

3	4	1	8	9	7	5	2	6
7	2	9	1	5	6	4	8	3
5	6	8	4	2	3	1	9	7
9	8	6	2	4	1	7	3	5
4	1	7	3	8	5	2	6	9
2	5	3	6	7	9	8	1	4
1	7	4	9	6	8	3	5	2
8	9	2	5	3	4	6	7	1
6	3	5	7	1	2	9	4	8

Day 23

7	1	9	4	3	6	5	2	8
8	6	5	7	1	2	3	9	4
4	2	3	5	8	9	7	6	1
9	3	7	8	2	5	4	1	6
2	8	1	3	6	4	9	5	7
6	5	4	9	7	1	8	3	2
1	4	8	6	9	3	2	7	5
3	7	2	1	5	8	6	4	9
5	9	6	2	4	7	1	8	3

Day 24

8	5	9	2	4	6	1	3	7
6	2	7	3	1	8	5	4	9
3	4	1	5	7	9	2	8	6
4	6	8	1	5	2	7	9	3
5	9	3	7	8	4	6	1	2
1	7	2	9	6	3	8	5	4
2	3	5	8	9	7	4	6	1
7	1	4	6	3	5	9	2	8
9	8	6	4	2	1	3	7	5

Day 25

2	6	5	8	7	4	9	3	1
4	9	3	2	5	1	7	8	6
1	8	7	9	6	3	2	5	4
7	2	6	1	3	8	5	4	9
5	4	9	6	2	7	3	1	8
3	1	8	4	9	5	6	7	2
8	7	2	3	4	9	1	6	5
9	3	4	5	1	6	8	2	7
6	5	1	7	8	2	4	9	3

Day 26

4	9	7	5	2	1	3	6	8
2	5	3	8	7	6	4	1	9
6	8	1	4	9	3	2	7	5
8	3	5	9	1	7	6	2	4
9	1	6	2	4	5	7	8	3
7	2	4	6	3	8	5	9	1
1	7	2	3	8	4	9	5	6
5	4	9	1	6	2	8	3	7
3	6	8	7	5	9	1	4	2

Day 27

9	2	4	6	3	8	1	5	7
7	5	1	9	4	2	3	6	8
3	8	6	7	5	1	2	9	4
2	4	9	3	8	7	6	1	5
8	1	5	2	9	6	4	7	3
6	7	3	5	1	4	8	2	9
5	9	8	1	6	3	7	4	2
1	3	2	4	7	9	5	8	6
4	6	7	8	2	5	9	3	1

Day 28

4	8	6	1	3	2	9	5	7
1	9	2	8	7	5	6	4	3
3	7	5	6	9	4	2	1	8
5	3	4	2	6	7	8	9	1
7	2	1	9	4	8	3	6	5
8	6	9	3	5	1	4	7	2
2	4	7	5	8	9	1	3	6
9	1	3	7	2	6	5	8	4
6	5	8	4	1	3	7	2	9

Day 29

3	4	5	7	8	6	9	2	1
1	9	7	5	3	2	6	8	4
8	2	6	1	4	9	3	5	7
5	8	1	6	9	7	2	4	3
2	6	3	8	5	4	1	7	9
4	7	9	3	2	1	8	6	5
6	3	8	4	1	5	7	9	2
9	1	4	2	7	8	5	3	6
7	5	2	9	6	3	4	1	8

Day 30

3	9	2	5	7	6	1	8	4
1	8	5	4	9	2	6	3	7
4	7	6	3	8	1	2	5	9
6	1	8	9	3	4	5	7	2
2	5	4	8	6	7	9	1	3
7	3	9	2	1	5	4	6	8
5	2	7	6	4	3	8	9	1
8	4	3	1	5	9	7	2	6
9	6	1	7	2	8	3	4	5

Day 31

2	6	8	1	3	5	4	7	9
9	4	5	6	2	7	8	3	1
7	1	3	8	9	4	5	6	2
5	9	2	3	4	6	7	1	8
8	3	6	7	1	2	9	4	5
4	7	1	5	8	9	3	2	6
1	5	9	4	6	3	2	8	7
6	2	4	9	7	8	1	5	3
3	8	7	2	5	1	6	9	4

Day 32

3	4	2	5	7	6	1	8	9
9	8	5	3	1	2	7	4	6
1	6	7	8	4	9	5	2	3
6	9	3	1	2	8	4	7	5
2	7	4	9	3	5	6	1	8
8	5	1	4	6	7	3	9	2
5	1	8	7	9	3	2	6	4
7	3	6	2	8	4	9	5	1
4	2	9	6	5	1	8	3	7

Day 33

9	6	7	2	4	5	1	8	3
2	3	4	8	6	1	5	9	7
1	8	5	3	7	9	4	6	2
4	1	8	6	3	7	9	2	5
6	2	9	1	5	8	7	3	4
7	5	3	9	2	4	8	1	6
8	7	2	4	9	6	3	5	1
5	9	6	7	1	3	2	4	8
3	4	1	5	8	2	6	7	9

Day 34

8	1	6	3	5	7	2	4	9
7	2	3	1	9	4	6	5	8
5	4	9	8	2	6	7	1	3
9	8	5	2	4	1	3	7	6
3	7	2	5	6	8	1	9	4
1	6	4	9	7	3	8	2	5
2	3	7	4	8	5	9	6	1
6	5	8	7	1	9	4	3	2
4	9	1	6	3	2	5	8	7

Day 35

4	1	2	7	6	9	8	5	3
8	5	6	4	2	3	9	1	7
7	3	9	5	1	8	2	6	4
5	7	3	8	9	6	1	4	2
6	4	1	3	5	2	7	9	8
2	9	8	1	4	7	6	3	5
3	6	5	2	7	1	4	8	9
1	8	7	9	3	4	5	2	6
9	2	4	6	8	5	3	7	1

Day 36

2	9	7	1	3	6	5	4	8
1	5	6	2	8	4	3	9	7
3	4	8	5	7	9	2	6	1
4	1	9	6	2	8	7	5	3
5	6	3	4	1	7	9	8	2
7	8	2	3	9	5	6	1	4
9	2	4	7	5	1	8	3	6
6	7	5	8	4	3	1	2	9
8	3	1	9	6	2	4	7	5

Day 37

7	2	5	8	4	3	6	9	1
9	4	1	5	6	2	3	7	8
6	3	8	7	1	9	5	2	4
2	9	3	1	8	6	4	5	7
5	8	7	3	9	4	1	6	2
1	6	4	2	5	7	9	8	3
3	7	6	9	2	1	8	4	5
8	1	9	4	7	5	2	3	6
4	5	2	6	3	8	7	1	9

Day 38

8	5	9	1	4	2	7	6	3
3	2	1	7	9	6	5	4	8
6	4	7	8	3	5	2	9	1
9	1	4	2	5	3	6	8	7
7	8	3	9	6	1	4	2	5
5	6	2	4	8	7	1	3	9
2	3	6	5	1	8	9	7	4
1	9	8	6	7	4	3	5	2
4	7	5	3	2	9	8	1	6

Day 39

8	2	3	9	1	5	7	4	6
9	6	7	3	8	4	1	2	5
1	5	4	7	2	6	9	3	8
3	1	8	2	4	9	5	6	7
7	4	5	1	6	8	2	9	3
2	9	6	5	3	7	4	8	1
5	3	1	6	9	2	8	7	4
6	8	9	4	7	1	3	5	2
4	7	2	8	5	3	6	1	9

Day 40

1	9	4	8	5	2	3	6	7
3	8	5	7	6	1	4	2	9
7	6	2	9	4	3	1	8	5
4	2	7	6	3	5	8	9	1
9	5	3	1	8	7	6	4	2
6	1	8	4	2	9	7	5	3
2	4	1	3	9	6	5	7	8
5	3	6	2	7	8	9	1	4
8	7	9	5	1	4	2	3	6

BEST EVER SUDOKU
SOLUTIONS

Day 41

2	9	3	4	1	6	8	5	7
5	7	6	9	2	8	1	4	3
4	1	8	5	3	7	9	2	6
8	6	5	1	4	9	3	7	2
9	3	4	8	7	2	5	6	1
1	2	7	3	6	5	4	8	9
3	4	2	7	5	1	6	9	8
7	8	1	6	9	4	2	3	5
6	5	9	2	8	3	7	1	4

Day 42

6	5	1	3	9	8	7	4	2
3	4	8	7	2	5	9	6	1
7	9	2	4	6	1	5	8	3
1	7	6	5	8	2	3	9	4
4	8	3	9	1	7	6	2	5
5	2	9	6	3	4	8	1	7
8	3	5	2	4	6	1	7	9
9	1	4	8	7	3	2	5	6
2	6	7	1	5	9	4	3	8

Day 43

3	1	9	7	4	6	2	5	8
7	6	5	9	2	8	1	3	4
2	8	4	1	3	5	6	7	9
6	4	1	2	8	3	5	9	7
9	7	3	6	5	1	4	8	2
8	5	2	4	9	7	3	6	1
4	3	6	8	7	2	9	1	5
1	9	8	5	6	4	7	2	3
5	2	7	3	1	9	8	4	6

Day 44

9	6	3	1	2	8	4	7	5
8	5	7	6	9	4	2	3	1
1	2	4	5	3	7	9	6	8
5	3	9	8	7	1	6	4	2
2	8	1	3	4	6	7	5	9
7	4	6	9	5	2	1	8	3
4	1	5	2	6	3	8	9	7
6	9	2	7	8	5	3	1	4
3	7	8	4	1	9	5	2	6

Day 45

2	5	3	8	4	7	9	1	6
9	8	6	1	5	3	7	4	2
4	7	1	2	9	6	5	3	8
8	9	2	4	3	5	1	6	7
7	3	4	6	8	1	2	5	9
6	1	5	9	7	2	3	8	4
1	2	7	5	6	4	8	9	3
5	4	9	3	2	8	6	7	1
3	6	8	7	1	9	4	2	5

Day 46

8	6	2	7	9	5	1	4	3
7	1	9	3	8	4	5	6	2
3	5	4	6	2	1	9	8	7
9	7	6	8	5	3	2	1	4
5	4	3	1	6	2	7	9	8
1	2	8	9	4	7	6	3	5
4	3	7	2	1	6	8	5	9
2	9	1	5	3	8	4	7	6
6	8	5	4	7	9	3	2	1

Day 47

3	2	9	5	7	4	6	8	1
1	7	6	3	9	8	2	5	4
4	8	5	1	2	6	7	3	9
6	3	4	7	1	2	8	9	5
2	9	8	4	5	3	1	7	6
7	5	1	6	8	9	4	2	3
5	4	7	2	3	1	9	6	8
9	6	2	8	4	5	3	1	7
8	1	3	9	6	7	5	4	2

Day 48

5	8	6	2	4	3	7	9	1
7	2	1	9	8	5	6	3	4
3	9	4	6	1	7	8	5	2
8	1	7	3	2	9	4	6	5
4	6	9	5	7	1	2	8	3
2	5	3	4	6	8	9	1	7
9	4	2	1	3	6	5	7	8
6	3	8	7	5	4	1	2	9
1	7	5	8	9	2	3	4	6

Day 49

1	8	9	2	5	4	6	3	7
2	5	6	3	8	7	9	4	1
7	3	4	1	6	9	2	8	5
6	9	3	8	7	1	5	2	4
5	7	8	9	4	2	1	6	3
4	1	2	6	3	5	8	7	9
3	2	7	5	1	8	4	9	6
9	4	5	7	2	6	3	1	8
8	6	1	4	9	3	7	5	2

Day 50

7	1	6	3	5	4	8	2	9
9	5	3	6	8	2	7	4	1
4	2	8	9	1	7	6	5	3
5	6	7	8	3	9	2	1	4
3	9	4	1	2	6	5	8	7
2	8	1	7	4	5	9	3	6
6	4	5	2	7	3	1	9	8
1	3	9	5	6	8	4	7	2
8	7	2	4	9	1	3	6	5

Day 51

3	2	1	7	6	8	5	9	4
9	8	7	5	3	4	1	6	2
5	4	6	2	9	1	7	8	3
4	1	2	3	8	9	6	7	5
8	7	3	6	4	5	2	1	9
6	5	9	1	2	7	3	4	8
1	6	4	9	5	2	8	3	7
2	3	8	4	7	6	9	5	1
7	9	5	8	1	3	4	2	6

Day 52

3	6	7	9	1	8	2	4	5
8	1	5	2	7	4	9	3	6
4	2	9	3	5	6	1	8	7
9	3	8	4	6	7	5	2	1
7	5	2	1	3	9	8	6	4
6	4	1	5	8	2	7	9	3
2	9	6	7	4	5	3	1	8
5	8	3	6	2	1	4	7	9
1	7	4	8	9	3	6	5	2

Day 53

5	9	6	4	8	7	1	2	3
1	8	7	3	9	2	5	6	4
2	3	4	1	5	6	7	9	8
3	7	2	9	6	4	8	5	1
6	1	5	8	7	3	2	4	9
8	4	9	5	2	1	3	7	6
9	2	8	6	1	5	4	3	7
4	5	1	7	3	9	6	8	2
7	6	3	2	4	8	9	1	5

Day 54

3	9	1	6	8	4	7	5	2
8	7	5	2	3	9	4	6	1
6	2	4	1	5	7	3	8	9
7	8	6	9	4	1	2	3	5
5	1	9	8	2	3	6	7	4
2	4	3	5	7	6	1	9	8
4	3	2	7	9	5	8	1	6
1	5	7	4	6	8	9	2	3
9	6	8	3	1	2	5	4	7

Day 55

7	2	6	4	8	1	5	9	3
4	8	3	2	5	9	1	7	6
5	9	1	6	3	7	8	2	4
9	6	4	8	2	5	7	3	1
2	1	8	7	9	3	4	6	5
3	7	5	1	6	4	9	8	2
1	3	7	9	4	6	2	5	8
8	5	9	3	1	2	6	4	7
6	4	2	5	7	8	3	1	9

Day 56

9	6	3	1	8	5	7	2	4
7	8	2	9	4	6	5	1	3
4	5	1	7	2	3	6	8	9
8	7	6	2	5	9	4	3	1
1	9	4	6	3	8	2	7	5
3	2	5	4	1	7	9	6	8
6	4	9	3	7	1	8	5	2
5	3	7	8	9	2	1	4	6
2	1	8	5	6	4	3	9	7

Day 57

2	4	8	3	6	1	9	7	5
1	9	5	4	7	8	3	2	6
6	7	3	2	5	9	8	1	4
3	5	1	6	8	7	4	9	2
7	8	4	5	9	2	6	3	1
9	2	6	1	3	4	5	8	7
4	6	7	8	2	3	1	5	9
8	1	2	9	4	5	7	6	3
5	3	9	7	1	6	2	4	8

Day 58

5	6	4	1	2	7	8	9	3
8	1	2	3	9	5	6	7	4
7	9	3	6	8	4	1	2	5
2	8	9	5	6	3	7	4	1
4	5	6	7	1	2	3	8	9
3	7	1	8	4	9	5	6	2
1	4	7	2	3	8	9	5	6
9	3	8	4	5	6	2	1	7
6	2	5	9	7	1	4	3	8

Day 59

3	8	2	4	7	5	9	6	1
7	9	5	1	2	6	3	8	4
1	6	4	3	9	8	5	7	2
9	7	6	8	4	3	2	1	5
5	3	8	2	6	1	4	9	7
4	2	1	9	5	7	6	3	8
2	4	3	7	8	9	1	5	6
8	5	9	6	1	4	7	2	3
6	1	7	5	3	2	8	4	9

Day 60

7	2	8	9	3	1	5	6	4
9	1	6	8	5	4	2	3	7
4	3	5	7	2	6	9	8	1
8	6	7	5	4	9	1	2	3
5	9	1	3	8	2	7	4	6
2	4	3	6	1	7	8	5	9
1	8	9	4	6	5	3	7	2
6	5	2	1	7	3	4	9	8
3	7	4	2	9	8	6	1	5

SOLUTIONS

Day 61
```
2 6 4 9 8 1 3 5 7
8 7 1 3 6 5 4 9 2
3 5 9 2 7 4 8 6 1
9 2 3 1 5 6 7 8 4
6 4 7 8 9 2 1 3 5
5 1 8 7 4 3 6 2 9
4 3 6 5 2 7 9 1 8
1 9 5 4 3 8 2 7 6
7 8 2 6 1 9 5 4 3
```

Day 62
```
4 2 7 1 5 8 6 9 3
6 8 3 9 4 2 5 1 7
1 5 9 7 3 6 8 2 4
3 9 1 6 8 7 4 5 2
5 4 2 3 1 9 7 6 8
8 7 6 4 2 5 1 3 9
9 1 5 8 7 3 2 4 6
7 6 4 2 9 1 3 8 5
2 3 8 5 6 4 9 7 1
```

Day 63
```
1 8 4 5 7 9 6 2 3
6 3 7 2 8 1 4 9 5
2 9 5 4 3 6 1 8 7
5 1 8 9 6 4 3 7 2
7 2 6 3 1 5 8 4 9
9 4 3 8 2 7 5 6 1
4 5 1 7 9 8 2 3 6
3 6 9 1 4 2 7 5 8
8 7 2 6 5 3 9 1 4
```

Day 64
```
1 9 2 6 4 8 7 5 3
8 4 3 5 7 9 1 6 2
7 6 5 2 3 1 4 9 8
3 2 4 8 1 6 9 7 5
5 1 6 3 9 7 2 8 4
9 7 8 4 2 5 3 1 6
4 8 1 7 5 2 6 3 9
2 5 9 1 6 3 8 4 7
6 3 7 9 8 4 5 2 1
```

Day 65
```
8 9 7 3 6 5 2 1 4
1 4 3 9 8 2 5 6 7
2 6 5 1 4 7 8 9 3
9 1 4 5 3 6 7 2 8
5 8 6 7 2 4 9 3 1
7 3 2 8 9 1 4 5 6
3 5 9 6 7 8 1 4 2
6 2 8 4 1 9 3 7 5
4 7 1 2 5 3 6 8 9
```

Day 66
```
5 1 9 3 7 6 2 8 4
8 4 6 5 1 2 9 3 7
7 2 3 9 4 8 1 5 6
2 3 8 7 6 4 5 1 9
9 6 5 1 8 3 4 7 2
4 7 1 2 9 5 8 6 3
1 9 2 6 5 7 3 4 8
3 8 7 4 2 1 6 9 5
6 5 4 8 3 9 7 2 1
```

Day 67
```
6 7 4 8 5 1 3 9 2
8 2 3 4 9 6 7 5 1
9 1 5 7 2 3 6 4 8
2 3 8 5 1 9 4 7 6
5 9 1 6 7 4 2 8 3
4 6 7 3 8 2 5 1 9
7 4 2 1 6 8 9 3 5
1 5 9 2 3 7 8 6 4
3 8 6 9 4 5 1 2 7
```

Day 68
```
5 7 1 3 8 4 2 9 6
3 9 4 2 6 1 8 5 7
8 6 2 9 7 5 3 4 1
7 3 9 1 4 8 5 6 2
1 2 5 7 9 6 4 3 8
6 4 8 5 2 3 7 1 9
4 8 3 6 1 7 9 2 5
9 1 7 4 5 2 6 8 3
2 5 6 8 3 9 1 7 4
```

Day 69
```
4 8 5 1 3 7 9 2 6
9 3 2 8 5 6 7 4 1
1 6 7 2 4 9 3 5 8
3 5 1 6 8 4 2 9 7
2 9 6 7 1 3 5 8 4
7 4 8 5 9 2 6 1 3
5 1 3 9 6 8 4 7 2
8 2 4 3 7 5 1 6 9
6 7 9 4 2 1 8 3 5
```

Day 70
```
2 3 4 5 9 7 1 8 6
7 8 5 4 6 1 3 9 2
1 9 6 8 3 2 5 4 7
4 7 3 1 8 6 9 2 5
6 5 2 9 7 3 8 1 4
9 1 8 2 4 5 6 7 3
5 4 1 6 2 8 7 3 9
3 6 9 7 1 4 2 5 8
8 2 7 3 5 9 4 6 1
```

Day 71
```
6 7 3 2 9 8 1 5 4
8 4 9 7 1 5 3 6 2
2 5 1 4 6 3 9 8 7
9 1 6 8 5 2 4 7 3
4 3 8 1 7 6 2 9 5
7 2 5 9 3 4 8 1 6
1 8 2 6 4 7 5 3 9
5 6 4 3 8 9 7 2 1
3 9 7 5 2 1 6 4 8
```

Day 72
```
3 8 4 1 5 7 6 2 9
5 7 2 6 3 9 8 4 1
1 9 6 8 4 2 3 7 5
9 2 5 3 7 8 4 1 6
8 6 7 9 1 4 5 3 2
4 3 1 2 6 5 7 9 8
6 5 9 7 2 3 1 8 4
7 4 8 5 9 1 2 6 3
2 1 3 4 8 6 9 5 7
```

Day 73
```
3 8 6 2 1 4 7 9 5
7 1 5 6 3 9 4 2 8
9 4 2 5 7 8 6 1 3
1 6 8 7 9 2 3 5 4
5 9 3 4 8 1 2 6 7
4 2 7 3 6 5 9 8 1
2 7 4 8 5 6 1 3 9
6 5 1 9 4 3 8 7 2
8 3 9 1 2 7 5 4 6
```

Day 74
```
4 9 5 7 8 6 2 1 3
6 7 2 3 4 1 8 5 9
1 3 8 5 9 2 6 4 7
8 6 1 4 7 9 5 3 2
9 4 3 2 6 5 1 7 8
5 2 7 8 1 3 9 6 4
7 5 4 1 2 8 3 9 6
2 1 6 9 3 7 4 8 5
3 8 9 6 5 4 7 2 1
```

Day 75
```
2 6 8 1 3 5 7 4 9
9 7 5 8 6 4 1 2 3
3 1 4 7 2 9 8 6 5
5 2 3 9 7 8 6 1 4
1 8 9 5 4 6 2 3 7
6 4 7 3 1 2 5 9 8
8 3 6 4 5 1 9 7 2
7 5 1 2 9 3 4 8 6
4 9 2 6 8 7 3 5 1
```

Day 76
```
9 5 3 6 1 8 4 2 7
6 1 2 9 4 7 5 3 8
4 7 8 2 3 5 9 1 6
5 3 1 7 8 6 2 9 4
8 2 6 1 9 4 3 7 5
7 9 4 5 2 3 6 8 1
1 6 5 3 7 2 8 4 9
3 8 7 4 5 9 1 6 2
2 4 9 8 6 1 7 5 3
```

Day 77
```
6 7 8 3 9 2 5 1 4
3 2 4 7 1 5 9 8 6
1 9 5 6 4 8 2 3 7
7 5 9 2 3 4 1 6 8
8 4 6 1 5 9 7 2 3
2 1 3 8 6 7 4 9 5
5 3 1 9 7 6 8 4 2
4 6 2 5 8 1 3 7 9
9 8 7 4 2 3 6 5 1
```

Day 78
```
9 8 4 5 2 6 7 3 1
6 5 7 3 4 1 9 2 8
3 1 2 9 7 8 6 5 4
1 6 9 2 5 3 8 4 7
2 4 5 7 8 9 3 1 6
8 7 3 6 1 4 5 9 2
7 2 6 4 9 5 1 8 3
5 3 1 8 6 2 4 7 9
4 9 8 1 3 7 2 6 5
```

Day 79
```
2 8 9 3 5 1 6 4 7
6 4 5 7 2 9 1 3 8
7 1 3 4 8 6 9 2 5
1 2 6 8 7 5 3 9 4
4 3 7 1 9 2 5 8 6
5 9 8 6 4 3 2 7 1
9 7 1 2 6 8 4 5 3
3 5 4 9 1 7 8 6 2
8 6 2 5 3 4 7 1 9
```

Day 80
```
3 2 4 6 9 7 8 5 1
1 9 5 8 3 2 4 7 6
7 6 8 4 1 5 3 2 9
4 7 3 2 5 6 1 9 8
6 5 9 1 8 3 2 4 7
8 1 2 9 7 4 5 6 3
2 4 1 7 6 8 9 3 5
5 8 6 3 2 9 7 1 4
9 3 7 5 4 1 6 8 2
```

SOLUTIONS

Day 81
```
9 2 6 1 3 7 4 5 8
7 3 5 9 8 4 6 1 2
8 4 1 2 6 5 7 9 3
2 9 7 5 4 3 1 8 6
6 1 4 8 9 2 5 3 7
3 5 8 6 7 1 9 2 4
4 6 9 3 5 8 2 7 1
5 8 2 7 1 6 3 4 9
1 7 3 4 2 9 8 6 5
```

Day 82
```
8 2 3 6 5 9 1 4 7
1 6 5 7 4 2 9 3 8
7 4 9 3 8 1 5 6 2
9 3 6 5 2 8 4 7 1
4 7 8 9 1 3 2 5 6
2 5 1 4 7 6 3 8 9
5 9 7 2 6 4 8 1 3
6 8 2 1 3 5 7 9 4
3 1 4 8 9 7 6 2 5
```

Day 83
```
2 9 5 6 8 7 3 1 4
6 8 1 3 4 9 7 5 2
4 7 3 1 5 2 9 8 6
7 3 8 9 6 4 1 2 5
1 6 2 5 3 8 4 7 9
9 5 4 7 2 1 8 6 3
3 1 7 2 9 6 5 4 8
8 2 9 4 1 5 6 3 7
5 4 6 8 7 3 2 9 1
```

Day 84
```
9 3 7 1 8 2 4 5 6
4 8 1 6 3 5 7 9 2
2 5 6 4 7 9 1 8 3
5 2 4 9 6 1 3 7 8
1 7 3 2 5 8 6 4 9
6 9 8 3 4 7 2 1 5
8 4 9 7 2 6 5 3 1
7 1 2 5 9 3 8 6 4
3 6 5 8 1 4 9 2 7
```

Day 85
```
1 3 6 8 4 5 2 9 7
7 9 8 3 1 2 5 6 4
2 5 4 9 6 7 8 3 1
9 1 2 4 7 6 3 8 5
4 8 5 1 2 3 9 7 6
6 7 3 5 8 9 4 1 2
3 6 9 2 5 1 7 4 8
8 2 1 7 3 4 6 5 9
5 4 7 6 9 8 1 2 3
```

Day 86
```
6 1 8 7 5 2 4 9 3
2 9 5 1 4 3 8 6 7
4 3 7 9 6 8 5 2 1
8 6 3 5 2 4 7 1 9
9 5 4 3 1 7 2 8 6
7 2 1 6 8 9 3 4 5
5 7 2 8 9 6 1 3 4
1 4 9 2 3 5 6 7 8
3 8 6 4 7 1 9 5 2
```

Day 87
```
3 5 2 7 1 8 9 4 6
7 4 6 5 9 2 1 3 8
9 1 8 3 4 6 5 7 2
4 2 9 8 3 1 7 6 5
6 8 5 4 7 9 2 1 3
1 7 3 6 2 5 4 8 9
5 6 1 9 8 4 3 2 7
2 9 7 1 6 3 8 5 4
8 3 4 2 5 7 6 9 1
```

Day 88
```
5 4 3 1 7 2 9 6 8
1 7 6 5 9 8 2 3 4
9 2 8 3 4 6 7 1 5
2 3 9 4 6 5 8 7 1
6 5 4 7 8 1 3 2 9
7 8 1 9 2 3 5 4 6
3 6 7 8 1 9 4 5 2
4 9 2 6 5 7 1 8 3
8 1 5 2 3 4 6 9 7
```

Day 89
```
7 2 8 5 9 4 6 1 3
5 6 1 2 7 3 8 9 4
4 9 3 1 6 8 2 7 5
3 8 6 4 2 9 1 5 7
2 1 5 7 3 6 4 8 9
9 4 7 8 5 1 3 2 6
6 5 2 3 1 7 9 4 8
8 7 9 6 4 2 5 3 1
1 3 4 9 8 5 7 6 2
```

Day 90
```
9 4 2 5 8 6 1 7 3
7 8 5 2 1 3 6 4 9
1 3 6 9 4 7 2 5 8
5 2 3 6 7 1 9 8 4
8 9 4 3 5 2 7 6 1
6 7 1 4 9 8 5 3 2
4 5 8 1 6 9 3 2 7
3 6 9 7 2 4 8 1 5
2 1 7 8 3 5 4 9 6
```

Day 91
```
6 9 2 5 3 8 4 7 1
1 3 7 2 4 6 5 8 9
4 8 5 7 1 9 3 6 2
3 2 1 4 6 5 7 9 8
7 4 9 1 8 2 6 3 5
8 5 6 9 7 3 2 1 4
5 1 8 6 2 7 9 4 3
9 6 4 3 5 1 8 2 7
2 7 3 8 9 4 1 5 6
```

Day 92
```
9 6 5 2 8 4 7 1 3
4 8 2 7 1 3 5 6 9
3 7 1 5 6 9 4 8 2
1 9 7 4 2 5 6 3 8
8 5 3 1 7 6 2 9 4
6 2 4 9 3 8 1 7 5
2 3 8 6 5 1 9 4 7
7 4 6 8 9 2 3 5 1
5 1 9 3 4 7 8 2 6
```

Day 93
```
8 7 5 2 9 4 1 6 3
1 3 2 5 6 7 9 8 4
4 9 6 8 1 3 2 7 5
5 8 7 9 4 1 3 2 6
9 2 1 6 3 5 8 4 7
3 6 4 7 2 8 5 1 9
2 5 9 1 7 6 4 3 8
7 1 3 4 8 9 6 5 2
6 4 8 3 5 2 7 9 1
```

Day 94
```
9 6 4 8 1 2 3 5 7
5 8 2 3 7 9 1 6 4
1 3 7 6 4 5 2 9 8
8 7 3 5 6 4 9 2 1
2 5 9 1 3 7 4 8 6
6 4 1 9 2 8 7 3 5
4 1 8 2 9 6 5 7 3
7 2 5 4 8 3 6 1 9
3 9 6 7 5 1 8 4 2
```

Day 95
```
6 7 8 3 4 1 5 9 2
4 3 9 7 5 2 8 6 1
5 1 2 6 8 9 3 7 4
1 6 5 4 9 3 7 2 8
9 4 7 1 2 8 6 5 3
8 2 3 5 7 6 1 4 9
2 5 4 8 3 7 9 1 6
3 9 6 2 1 5 4 8 7
7 8 1 9 6 4 2 3 5
```

Day 96
```
5 1 8 2 4 7 9 6 3
4 7 3 1 6 9 8 2 5
9 6 2 8 5 3 7 1 4
1 2 6 7 8 4 5 3 9
7 9 4 3 2 5 6 8 1
3 8 5 6 9 1 4 7 2
2 4 7 9 1 8 3 5 6
8 5 1 4 3 6 2 9 7
6 3 9 5 7 2 1 4 8
```

Day 97
```
9 1 7 8 5 2 6 3 4
4 3 8 6 9 7 2 5 1
6 5 2 4 3 1 8 9 7
8 2 3 1 4 9 5 7 6
1 6 5 2 7 3 4 8 9
7 4 9 5 6 8 3 1 2
5 9 6 7 8 4 1 2 3
2 7 4 3 1 5 9 6 8
3 8 1 9 2 6 7 4 5
```

Day 98
```
9 6 1 8 2 3 7 5 4
2 3 8 5 7 4 6 9 1
5 4 7 9 6 1 2 3 8
1 5 9 2 4 8 3 7 6
3 8 2 7 1 6 9 4 5
4 7 6 3 9 5 1 8 2
8 1 5 6 3 7 4 2 9
6 2 3 4 8 9 5 1 7
7 9 4 1 5 2 8 6 3
```

Day 99
```
1 8 3 5 6 7 9 2 4
6 4 7 3 9 2 1 5 8
5 9 2 4 8 1 7 6 3
7 6 5 2 1 4 3 8 9
9 1 8 6 3 5 4 7 2
3 2 4 8 7 9 6 1 5
2 5 9 1 4 6 8 3 7
8 7 6 9 2 3 5 4 1
4 3 1 7 5 8 2 9 6
```

Day 100
```
6 9 1 5 4 2 3 8 7
7 2 5 8 3 1 9 4 6
4 8 3 9 7 6 1 5 2
8 7 9 1 5 3 6 2 4
2 5 6 4 8 9 7 3 1
3 1 4 6 2 7 5 9 8
5 6 7 2 9 4 8 1 3
9 3 2 7 1 8 4 6 5
1 4 8 3 6 5 2 7 9
```

BEST EVER SUDOKU

SOLUTIONS

Day 101

3	4	1	5	7	6	2	8	9
7	8	2	1	4	9	5	3	6
9	6	5	2	3	8	1	7	4
6	5	3	7	9	2	8	4	1
4	2	8	3	6	1	9	5	7
1	7	9	8	5	4	3	6	2
2	9	7	6	8	5	4	1	3
8	1	6	4	2	3	7	9	5
5	3	4	9	1	7	6	2	8

Day 102

3	6	4	1	9	7	8	5	2
1	9	2	8	5	3	4	7	6
8	7	5	6	4	2	1	9	3
9	2	8	3	7	4	5	6	1
6	4	7	5	1	8	2	3	9
5	1	3	2	6	9	7	4	8
4	3	9	7	8	1	6	2	5
7	8	6	9	2	5	3	1	4
2	5	1	4	3	6	9	8	7

Day 103

5	8	1	7	6	4	3	2	9
2	6	4	9	5	3	8	1	7
7	3	9	1	8	2	4	6	5
1	2	5	3	9	6	7	4	8
4	7	6	5	2	8	9	3	1
3	9	8	4	7	1	2	5	6
9	1	2	6	4	7	5	8	3
6	4	7	8	3	5	1	9	2
8	5	3	2	1	9	6	7	4

Day 104

3	9	7	5	1	8	6	4	2
1	8	2	6	9	4	5	7	3
6	4	5	2	3	7	9	8	1
7	5	8	9	6	3	2	1	4
2	3	9	7	4	1	8	6	5
4	1	6	8	5	2	7	3	9
8	7	4	1	2	9	3	5	6
5	2	1	3	8	6	4	9	7
9	6	3	4	7	5	1	2	8

Day 105

8	6	3	4	5	2	9	1	7
5	2	4	1	7	9	6	8	3
9	1	7	8	3	6	5	2	4
2	4	9	5	1	7	3	6	8
6	5	1	9	8	3	7	4	2
7	3	8	2	6	4	1	9	5
3	9	6	7	2	8	4	5	1
4	8	5	3	9	1	2	7	6
1	7	2	6	4	5	8	3	9

Day 106

5	2	8	1	4	3	6	7	9
6	4	7	2	9	5	8	3	1
1	3	9	7	8	6	5	4	2
3	8	4	6	5	2	1	9	7
9	6	1	4	7	8	3	2	5
2	7	5	9	3	1	4	8	6
7	9	6	8	1	4	2	5	3
8	5	2	3	6	9	7	1	4
4	1	3	5	2	7	9	6	8

Day 107

2	9	1	5	3	4	6	7	8
6	3	5	1	7	8	2	9	4
4	7	8	9	2	6	5	1	3
9	1	7	6	4	2	3	8	5
8	5	2	7	9	3	1	4	6
3	4	6	8	5	1	7	2	9
7	6	4	2	8	5	9	3	1
1	8	9	3	6	7	4	5	2
5	2	3	4	1	9	8	6	7

Day 108

7	6	8	9	3	2	1	5	4
9	3	4	8	1	5	7	2	6
1	2	5	4	6	7	8	9	3
4	5	3	6	7	9	2	8	1
8	7	9	3	2	1	4	6	5
2	1	6	5	4	8	9	3	7
3	9	2	1	5	4	6	7	8
5	4	7	2	8	6	3	1	9
6	8	1	7	9	3	5	4	2

Day 109

5	1	3	9	4	7	8	2	6
9	8	7	6	1	2	4	3	5
2	4	6	5	8	3	9	7	1
1	3	4	2	5	8	7	6	9
6	9	5	4	7	1	2	8	3
7	2	8	3	9	6	5	1	4
8	6	9	7	3	4	1	5	2
3	5	1	8	2	9	6	4	7
4	7	2	1	6	5	3	9	8

Day 110

8	2	9	3	7	6	1	5	4
4	3	7	5	1	8	2	6	9
5	1	6	4	9	2	3	8	7
1	9	5	2	8	4	6	7	3
3	6	2	7	5	1	9	4	8
7	4	8	9	6	3	5	1	2
9	5	1	8	2	7	4	3	6
6	8	4	1	3	9	7	2	5
2	7	3	6	4	5	8	9	1

Day 111

7	6	3	2	4	5	9	8	1
2	4	9	1	6	8	7	3	5
5	8	1	7	9	3	2	6	4
6	1	5	9	2	4	8	7	3
8	9	7	3	1	6	5	4	2
4	3	2	8	5	7	6	1	9
1	7	6	5	3	2	4	9	8
9	5	8	4	7	1	3	2	6
3	2	4	6	8	9	1	5	7

Day 112

1	7	5	2	9	3	8	6	4
2	9	6	8	4	7	1	3	5
8	3	4	6	1	5	2	7	9
9	2	8	7	5	6	3	4	1
3	6	1	9	2	4	5	8	7
4	5	7	1	3	8	6	9	2
5	8	9	3	7	1	4	2	6
7	1	3	4	6	2	9	5	8
6	4	2	5	8	9	7	1	3

Day 113

8	1	9	6	5	2	7	3	4
3	2	5	4	1	7	9	8	6
4	7	6	8	3	9	2	5	1
2	5	3	9	7	4	6	1	8
7	8	1	3	2	6	4	9	5
9	6	4	5	8	1	3	7	2
6	3	7	1	4	5	8	2	9
5	4	2	7	9	8	1	6	3
1	9	8	2	6	3	5	4	7

Day 114

5	1	6	2	9	8	4	3	7
3	2	7	1	6	4	5	9	8
9	4	8	5	3	7	6	2	1
7	6	2	3	8	1	9	4	5
1	9	4	6	2	5	8	7	3
8	3	5	4	7	9	1	6	2
2	5	3	9	1	6	7	8	4
4	8	9	7	5	2	3	1	6
6	7	1	8	4	3	2	5	9

Day 115

8	7	5	4	1	3	6	2	9
9	1	4	2	6	5	8	3	7
2	3	6	8	9	7	4	1	5
3	4	7	6	2	8	9	5	1
1	6	9	5	7	4	2	8	3
5	8	2	1	3	9	7	4	6
4	2	3	7	5	6	1	9	8
7	9	1	3	8	2	5	6	4
6	5	8	9	4	1	3	7	2

Day 116

3	5	7	8	4	2	9	1	6
2	8	1	5	9	6	3	4	7
6	9	4	3	1	7	5	2	8
8	7	9	6	5	1	2	3	4
1	4	3	2	7	8	6	5	9
5	6	2	4	3	9	7	8	1
4	2	6	9	8	3	1	7	5
9	1	5	7	2	4	8	6	3
7	3	8	1	6	5	4	9	2

Day 117

7	2	3	1	9	8	4	5	6
1	6	5	4	2	3	9	8	7
4	8	9	7	5	6	2	3	1
5	4	2	9	7	1	3	6	8
8	7	1	3	6	4	5	9	2
3	9	6	2	8	5	7	1	4
9	3	4	8	1	2	6	7	5
2	5	8	6	3	7	1	4	9
6	1	7	5	4	9	8	2	3

Day 118

3	2	7	1	6	8	4	5	9
1	5	9	2	3	4	7	6	8
4	6	8	7	5	9	3	1	2
7	8	5	3	9	6	1	2	4
9	3	1	4	8	2	5	7	6
2	4	6	5	1	7	9	8	3
5	1	2	6	4	3	8	9	7
8	7	3	9	2	5	6	4	1
6	9	4	8	7	1	2	3	5

Day 119

1	8	3	6	2	7	5	9	4
7	5	4	3	9	1	8	6	2
6	2	9	5	4	8	1	3	7
4	1	5	8	7	9	3	2	6
9	6	8	2	1	3	4	7	5
3	7	2	4	6	5	9	1	8
8	3	7	9	5	6	2	4	1
2	9	1	7	8	4	6	5	3
5	4	6	1	3	2	7	8	9

Day 120

7	4	5	8	9	1	6	2	3
6	3	2	7	4	5	8	1	9
8	1	9	3	6	2	5	4	7
9	6	3	4	2	8	7	5	1
2	7	4	1	5	3	9	6	8
5	8	1	6	7	9	2	3	4
4	2	6	9	1	7	3	8	5
3	5	7	2	8	4	1	9	6
1	9	8	5	3	6	4	7	2

SOLUTIONS

Day 121

```
4 5 8 7 9 2 6 1 3
2 1 7 6 8 3 4 9 5
9 3 6 4 1 5 7 8 2
8 2 1 9 6 4 3 5 7
7 4 3 5 2 8 9 6 1
5 6 9 1 3 7 8 2 4
1 7 4 8 5 9 2 3 6
3 8 5 2 7 6 1 4 9
6 9 2 3 4 1 5 7 8
```

Day 122

```
3 2 7 8 5 1 4 6 9
9 4 8 6 2 3 1 5 7
6 5 1 4 7 9 8 2 3
4 3 2 7 8 6 5 9 1
8 1 9 3 4 5 2 7 6
7 6 5 9 1 2 3 8 4
5 9 3 2 6 4 7 1 8
2 8 4 1 9 7 6 3 5
1 7 6 5 3 8 9 4 2
```

Day 123

```
1 5 2 8 9 7 6 4 3
6 7 3 1 4 2 8 5 9
8 9 4 5 6 3 1 7 2
2 3 7 6 1 9 4 8 5
9 8 5 7 3 4 2 6 1
4 1 6 2 8 5 9 3 7
7 4 1 3 2 8 5 9 6
3 2 8 9 5 6 7 1 4
5 6 9 4 7 1 3 2 8
```

Day 124

```
1 7 5 4 6 8 3 2 9
4 3 9 1 2 5 7 8 6
6 8 2 3 9 7 4 5 1
9 6 8 2 7 3 5 1 4
3 5 4 6 8 1 9 7 2
7 2 1 9 5 4 6 3 8
8 4 6 7 3 2 1 9 5
2 1 7 5 4 9 8 6 3
5 9 3 8 1 6 2 4 7
```

Day 125

```
7 4 1 9 5 3 8 6 2
5 2 3 7 8 6 9 4 1
6 9 8 2 1 4 7 3 5
4 8 7 6 2 5 3 1 9
2 5 9 3 4 1 6 7 8
3 1 6 8 7 9 2 5 4
9 3 5 4 6 8 1 2 7
1 6 2 5 9 7 4 8 3
8 7 4 1 3 2 5 9 6
```

Day 126

```
5 9 8 1 2 7 3 4 6
2 7 3 9 6 4 5 8 1
4 1 6 3 8 5 9 2 7
7 8 5 6 1 3 4 9 2
6 4 9 2 5 8 7 1 3
3 2 1 4 7 9 8 6 5
8 3 2 7 4 6 1 5 9
1 5 7 8 9 2 6 3 4
9 6 4 5 3 1 2 7 8
```

Day 127

```
8 6 4 1 3 7 2 5 9
5 3 7 9 2 8 6 1 4
9 1 2 6 5 4 3 7 8
1 7 9 3 4 5 8 2 6
4 8 3 2 6 1 7 9 5
6 2 5 8 7 9 1 4 3
2 9 6 4 1 3 5 8 7
7 4 1 5 8 6 9 3 2
3 5 8 7 9 2 4 6 1
```

Day 128

```
6 5 7 1 4 8 3 9 2
2 8 1 5 3 9 6 7 4
4 9 3 6 2 7 8 5 1
5 2 8 4 1 3 7 6 9
9 3 4 2 7 6 1 8 5
1 7 6 9 8 5 2 4 3
3 4 9 7 6 1 5 2 8
7 1 5 8 9 2 4 3 6
8 6 2 3 5 4 9 1 7
```

Day 129

```
5 1 2 3 6 9 4 7 8
8 6 3 7 1 4 9 2 5
7 4 9 5 8 2 6 3 1
3 9 6 4 7 1 5 8 2
2 7 8 9 5 6 3 1 4
1 5 4 2 3 8 7 6 9
6 2 5 8 9 7 1 4 3
9 8 1 6 4 3 2 5 7
4 3 7 1 2 5 8 9 6
```

Day 130

```
3 7 2 5 9 8 6 1 4
5 6 1 2 3 4 7 9 8
8 4 9 6 7 1 2 5 3
4 1 8 9 2 3 5 6 7
2 3 7 8 6 5 9 4 1
9 5 6 4 1 7 8 3 2
1 2 5 7 4 9 3 8 6
7 8 3 1 5 6 4 2 9
6 9 4 3 8 2 1 7 5
```

Day 131

```
5 9 3 2 1 6 8 7 4
6 1 8 5 4 7 3 9 2
7 4 2 8 3 9 6 1 5
9 8 4 6 2 5 1 3 7
2 3 5 7 8 1 4 6 9
1 6 7 4 9 3 5 2 8
4 2 1 3 7 8 9 5 6
3 7 6 9 5 4 2 8 1
8 5 9 1 6 2 7 4 3
```

Day 132

```
7 2 8 3 6 4 5 9 1
6 3 9 1 8 5 2 7 4
5 1 4 9 2 7 6 3 8
2 4 1 7 5 9 8 6 3
8 5 6 2 4 3 9 1 7
3 9 7 8 1 6 4 5 2
4 7 2 5 9 1 3 8 6
1 8 5 6 3 2 7 4 9
9 6 3 4 7 8 1 2 5
```

Day 133

```
6 9 2 4 3 1 8 5 7
1 5 3 7 8 6 9 4 2
7 4 8 5 9 2 1 6 3
9 3 6 2 5 7 4 8 1
8 2 1 6 4 9 3 7 5
5 7 4 8 1 3 2 9 6
3 6 9 1 7 8 5 2 4
2 8 5 3 6 4 7 1 9
4 1 7 9 2 5 6 3 8
```

Day 134

```
3 2 7 4 1 8 5 9 6
6 5 9 7 3 2 8 4 1
1 4 8 5 9 6 3 2 7
2 7 1 8 6 9 4 5 3
5 6 3 1 2 4 9 7 8
8 9 4 3 5 7 6 1 2
4 3 2 9 8 1 7 6 5
9 1 5 6 7 3 2 8 4
7 8 6 2 4 5 1 3 9
```

Day 135

```
9 7 6 3 4 2 8 1 5
8 3 4 5 7 1 2 9 6
5 2 1 9 8 6 4 3 7
7 9 2 4 3 8 5 6 1
4 8 5 1 6 9 3 7 2
1 6 3 7 2 5 9 8 4
2 5 8 6 9 7 1 4 3
3 1 7 8 5 4 6 2 9
6 4 9 2 1 3 7 5 8
```

Day 136

```
8 1 7 2 4 9 3 6 5
9 3 6 1 7 5 4 2 8
2 5 4 3 6 8 1 9 7
4 6 5 7 2 1 8 3 9
3 7 8 5 9 4 2 1 6
1 9 2 8 3 6 5 7 4
6 4 1 9 8 3 7 5 2
7 8 3 6 5 2 9 4 1
5 2 9 4 1 7 6 8 3
```

Day 137

```
1 7 4 3 5 6 8 2 9
5 6 9 2 8 1 3 4 7
8 2 3 4 9 7 6 5 1
4 8 2 7 6 5 9 1 3
7 9 1 8 3 2 5 6 4
3 5 6 9 1 4 2 7 8
6 1 8 5 4 3 7 9 2
9 4 7 6 2 8 1 3 5
2 3 5 1 7 9 4 8 6
```

Day 138

```
1 6 4 8 7 3 5 2 9
3 8 2 9 6 5 1 7 4
9 5 7 2 1 4 8 3 6
5 9 8 6 2 7 4 1 3
2 7 6 3 4 1 9 5 8
4 1 3 5 8 9 2 6 7
6 2 1 4 3 8 7 9 5
8 3 5 7 9 2 6 4 1
7 4 9 1 5 6 3 8 2
```

Day 139

```
3 2 7 1 9 5 4 8 6
9 5 8 4 6 7 2 1 3
1 4 6 2 3 8 9 5 7
5 7 4 9 8 2 3 6 1
6 9 1 3 7 4 8 2 5
2 8 3 6 5 1 7 4 9
8 1 9 7 2 6 5 3 4
7 6 2 5 4 3 1 9 8
4 3 5 8 1 9 6 7 2
```

Day 140

```
3 8 4 2 9 5 7 6 1
1 6 2 4 8 7 3 5 9
5 9 7 6 1 3 8 4 2
9 4 8 5 2 1 6 3 7
7 5 3 8 6 9 1 2 4
6 2 1 7 3 4 9 8 5
2 3 9 1 4 6 5 7 8
4 1 5 3 7 8 2 9 6
8 7 6 9 5 2 4 1 3
```

BEST EVER SUDOKU

SOLUTIONS

Day 141

2	8	9	6	3	4	1	5	7
7	4	3	9	5	1	2	6	8
5	1	6	7	8	2	3	4	9
9	2	8	5	4	3	6	7	1
6	7	1	2	9	8	4	3	5
3	5	4	1	7	6	8	9	2
4	3	5	8	1	7	9	2	6
8	9	2	4	6	5	7	1	3
1	6	7	3	2	9	5	8	4

Day 142

6	7	9	1	2	4	8	5	3
4	8	5	9	3	6	1	7	2
1	2	3	8	5	7	9	6	4
2	3	6	7	9	1	4	8	5
5	1	4	6	8	2	7	3	9
8	9	7	5	4	3	6	2	1
3	6	1	2	7	9	5	4	8
7	4	8	3	1	5	2	9	6
9	5	2	4	6	8	3	1	7

Day 143

9	4	2	3	6	8	7	1	5
8	7	1	2	5	4	9	6	3
5	3	6	1	9	7	8	2	4
4	2	7	9	8	3	6	5	1
6	5	3	4	7	1	2	8	9
1	9	8	5	2	6	3	4	7
2	6	5	7	1	9	4	3	8
3	8	9	6	4	5	1	7	2
7	1	4	8	3	2	5	9	6

Day 144

2	9	3	5	1	6	4	8	7
8	7	4	9	3	2	1	5	6
1	5	6	7	8	4	3	2	9
9	6	1	4	7	8	5	3	2
7	4	2	1	5	3	6	9	8
5	3	8	2	6	9	7	4	1
3	1	9	8	4	7	2	6	5
4	8	5	6	2	1	9	7	3
6	2	7	3	9	5	8	1	4

Day 145

5	7	4	9	6	2	3	1	8
3	6	1	8	7	5	9	2	4
8	2	9	4	1	3	7	5	6
2	1	7	5	9	4	6	8	3
9	8	6	2	3	7	1	4	5
4	5	3	1	8	6	2	9	7
6	4	2	3	5	9	8	7	1
1	3	5	7	2	8	4	6	9
7	9	8	6	4	1	5	3	2

Day 146

3	9	1	2	8	6	7	4	5
5	4	7	9	3	1	2	6	8
8	6	2	5	4	7	9	3	1
9	1	6	3	7	2	5	8	4
2	3	8	4	5	9	1	7	6
4	7	5	1	6	8	3	9	2
6	5	3	7	1	4	8	2	9
7	8	9	6	2	5	4	1	3
1	2	4	8	9	3	6	5	7

Day 147

1	9	5	4	8	7	6	2	3
3	4	6	1	2	5	7	8	9
2	8	7	3	6	9	5	4	1
8	6	3	7	4	2	1	9	5
9	1	2	8	5	3	4	6	7
7	5	4	9	1	6	2	3	8
5	7	8	6	9	4	3	1	2
6	3	9	2	7	1	8	5	4
4	2	1	5	3	8	9	7	6

Day 148

3	7	6	1	4	8	2	9	5
2	8	9	6	5	3	4	7	1
5	1	4	7	9	2	8	3	6
8	3	7	9	6	5	1	4	2
9	4	5	3	2	1	7	6	8
1	6	2	8	7	4	9	5	3
6	2	3	4	8	9	5	1	7
7	9	8	5	1	6	3	2	4
4	5	1	2	3	7	6	8	9

Day 149

2	1	6	8	3	9	5	7	4
4	3	5	6	7	1	9	8	2
8	7	9	2	4	5	3	6	1
5	4	1	7	2	8	6	9	3
9	8	7	3	1	6	2	4	5
6	2	3	5	9	4	8	1	7
1	9	8	4	5	3	7	2	6
7	5	4	9	6	2	1	3	8
3	6	2	1	8	7	4	5	9

Day 150

4	5	2	6	9	3	8	7	1
1	8	6	2	7	5	9	4	3
9	7	3	1	4	8	5	6	2
6	1	9	5	8	2	4	3	7
7	3	4	9	6	1	2	5	8
8	2	5	4	3	7	1	9	6
2	9	1	7	5	6	3	8	4
3	4	7	8	1	9	6	2	5
5	6	8	3	2	4	7	1	9

Day 151

3	9	6	1	2	8	4	7	5
8	5	4	3	9	7	2	6	1
2	7	1	4	6	5	8	3	9
1	4	7	2	8	3	9	5	6
9	2	3	6	5	4	7	1	8
6	8	5	9	7	1	3	2	4
7	6	9	5	4	2	1	8	3
4	1	2	8	3	6	5	9	7
5	3	8	7	1	9	6	4	2

Day 152

4	8	9	7	1	5	6	2	3
7	3	6	8	9	2	1	4	5
5	1	2	6	4	3	7	9	8
9	4	5	1	3	8	2	7	6
1	2	7	4	5	6	8	3	9
3	6	8	2	7	9	4	5	1
8	7	3	9	2	1	5	6	4
2	5	1	3	6	4	9	8	7
6	9	4	5	8	7	3	1	2

Day 153

5	8	7	6	9	1	4	3	2
6	3	4	7	8	2	1	5	9
9	1	2	4	3	5	6	8	7
4	2	1	3	5	6	9	7	8
3	7	5	9	1	8	2	6	4
8	6	9	2	4	7	3	1	5
7	5	3	1	2	4	8	9	6
1	4	8	5	6	9	7	2	3
2	9	6	8	7	3	5	4	1

Day 154

5	2	4	1	6	7	9	3	8
8	1	3	5	9	4	6	7	2
9	6	7	2	8	3	1	5	4
3	5	8	6	4	2	7	9	1
6	9	1	8	7	5	2	4	3
7	4	2	9	3	1	5	8	6
1	8	5	4	2	9	3	6	7
4	3	9	7	1	6	8	2	5
2	7	6	3	5	8	4	1	9

Day 155

4	6	7	2	1	8	9	3	5
8	3	9	7	5	4	6	1	2
5	1	2	9	6	3	7	8	4
1	7	3	4	8	5	2	6	9
9	4	6	3	7	2	1	5	8
2	5	8	1	9	6	4	7	3
3	8	1	6	2	9	5	4	7
6	9	5	8	4	7	3	2	1
7	2	4	5	3	1	8	9	6

Day 156

5	2	4	7	9	3	1	6	8
8	3	7	6	4	1	5	9	2
9	1	6	5	2	8	7	4	3
7	5	8	9	3	2	4	1	6
1	4	3	8	5	6	9	2	7
6	9	2	1	7	4	8	3	5
4	8	9	3	6	5	2	7	1
3	7	5	2	1	9	6	8	4
2	6	1	4	8	7	3	5	9

Day 157

5	2	7	6	3	8	1	4	9
4	9	1	2	5	7	8	6	3
3	6	8	4	1	9	5	2	7
6	7	2	1	8	4	9	3	5
8	5	3	7	9	6	4	1	2
1	4	9	5	2	3	6	7	8
7	8	5	3	6	1	2	9	4
9	3	6	8	4	2	7	5	1
2	1	4	9	7	5	3	8	6

Day 158

6	1	2	4	8	3	5	7	9
3	9	5	6	7	2	1	4	8
4	8	7	9	5	1	3	6	2
9	2	8	1	3	4	7	5	6
1	4	6	7	9	5	2	8	3
7	5	3	2	6	8	4	9	1
5	6	1	8	2	7	9	3	4
8	3	4	5	1	9	6	2	7
2	7	9	3	4	6	8	1	5

Day 159

4	5	6	2	8	9	7	1	3
9	8	1	3	7	6	2	4	5
2	7	3	1	4	5	6	8	9
7	9	4	6	1	2	3	5	8
3	1	2	8	5	4	9	6	7
8	6	5	7	9	3	4	2	1
6	2	7	5	3	1	8	9	4
1	4	8	9	2	7	5	3	6
5	3	9	4	6	8	1	7	2

Day 160

2	4	1	7	3	6	9	8	5
6	5	3	8	4	9	2	7	1
7	9	8	1	2	5	3	4	6
1	3	4	6	8	7	5	9	2
9	8	7	5	1	2	6	3	4
5	2	6	4	9	3	7	1	8
8	6	5	9	7	1	4	2	3
4	7	2	3	6	8	1	5	9
3	1	9	2	5	4	8	6	7

SOLUTIONS

Day 161

3	7	2	4	8	9	1	5	6
1	8	5	3	2	6	4	9	7
4	6	9	7	1	5	2	8	3
2	4	8	9	6	7	3	1	5
7	5	3	1	4	2	8	6	9
9	1	6	8	5	3	7	2	4
5	2	4	6	7	1	9	3	8
8	3	1	5	9	4	6	7	2
6	9	7	2	3	8	5	4	1

Day 162

9	8	7	4	5	3	6	2	1
5	3	1	2	9	6	7	8	4
4	6	2	7	1	8	5	3	9
3	2	5	9	4	7	1	6	8
6	9	4	3	8	1	2	7	5
1	7	8	5	6	2	4	9	3
7	4	3	1	2	9	8	5	6
2	5	6	8	3	4	9	1	7
8	1	9	6	7	5	3	4	2

Day 163

3	4	1	5	7	8	6	9	2
9	7	8	1	6	2	5	4	3
5	2	6	3	4	9	8	1	7
1	9	7	8	5	3	4	2	6
4	6	5	9	2	7	1	3	8
2	8	3	6	1	4	9	7	5
6	5	4	7	3	1	2	8	9
8	3	2	4	9	6	7	5	1
7	1	9	2	8	5	3	6	4

Day 164

9	8	5	7	6	4	2	1	3
2	3	6	9	8	1	4	7	5
7	1	4	5	2	3	9	6	8
3	7	1	2	5	8	6	9	4
6	4	8	3	7	9	1	5	2
5	9	2	4	1	6	8	3	7
4	5	3	6	9	2	7	8	1
8	6	7	1	4	5	3	2	9
1	2	9	8	3	7	5	4	6

Day 165

5	3	4	2	7	8	6	9	1
8	9	6	3	1	4	7	5	2
1	2	7	9	5	6	4	8	3
7	5	8	1	4	3	9	2	6
2	6	1	7	8	9	3	4	5
9	4	3	5	6	2	1	7	8
4	7	2	8	3	1	5	6	9
3	8	5	6	9	7	2	1	4
6	1	9	4	2	5	8	3	7

Day 166

9	7	4	5	2	1	6	3	8
2	1	8	7	3	6	9	4	5
3	5	6	9	8	4	1	7	2
7	4	1	3	9	2	8	5	6
6	3	9	8	1	5	4	2	7
5	8	2	4	6	7	3	9	1
8	2	5	1	4	9	7	6	3
1	9	7	6	5	3	2	8	4
4	6	3	2	7	8	5	1	9

Day 167

1	6	7	4	3	8	5	9	2
3	4	9	5	2	7	1	8	6
2	8	5	1	6	9	3	7	4
6	3	4	9	7	2	8	5	1
5	9	2	8	1	6	4	3	7
8	7	1	3	5	4	2	6	9
4	2	3	7	9	5	6	1	8
9	1	8	6	4	3	7	2	5
7	5	6	2	8	1	9	4	3

Day 168

4	8	2	7	9	6	1	5	3
1	3	6	5	8	4	9	2	7
9	5	7	3	2	1	6	4	8
6	7	8	1	4	2	3	9	5
3	2	4	8	5	9	7	1	6
5	9	1	6	3	7	4	8	2
2	1	3	9	7	8	5	6	4
7	4	9	2	6	5	8	3	1
8	6	5	4	1	3	2	7	9

Day 169

6	7	3	5	4	1	2	9	8
9	1	4	6	8	2	5	3	7
5	8	2	9	7	3	6	4	1
3	5	6	7	1	4	9	8	2
1	4	7	2	9	8	3	6	5
8	2	9	3	6	5	7	1	4
4	3	5	1	2	9	8	7	6
7	9	1	8	5	6	4	2	3
2	6	8	4	3	7	1	5	9

Day 170

8	9	1	7	5	2	3	4	6
6	2	7	3	4	8	9	5	1
5	3	4	1	6	9	8	7	2
3	5	9	6	1	7	2	8	4
2	4	6	5	8	3	1	9	7
7	1	8	9	2	4	5	6	3
9	6	2	8	7	1	4	3	5
4	8	5	2	3	6	7	1	9
1	7	3	4	9	5	6	2	8

Day 171

5	3	6	8	1	9	4	2	7
4	9	1	7	3	2	6	5	8
7	8	2	4	6	5	3	9	1
2	7	5	9	4	1	8	3	6
1	6	9	3	2	8	7	4	5
8	4	3	6	5	7	9	1	2
6	2	4	5	7	3	1	8	9
3	5	8	1	9	6	2	7	4
9	1	7	2	8	4	5	6	3

Day 172

1	6	9	4	2	7	8	5	3
5	4	3	8	6	9	7	1	2
7	8	2	3	5	1	6	4	9
2	7	8	1	9	4	3	6	5
9	1	5	6	7	3	2	8	4
6	3	4	2	8	5	1	9	7
8	5	7	9	1	2	4	3	6
3	2	6	5	4	8	9	7	1
4	9	1	7	3	6	5	2	8

Day 173

5	6	8	3	4	2	7	9	1
7	1	4	6	9	8	5	3	2
9	3	2	7	5	1	4	6	8
4	7	9	5	1	6	8	2	3
8	2	3	4	7	9	1	5	6
6	5	1	2	8	3	9	7	4
2	4	7	8	3	5	6	1	9
1	8	6	9	2	7	3	4	5
3	9	5	1	6	4	2	8	7

Day 174

3	2	9	8	4	1	7	6	5
7	1	8	5	3	6	2	9	4
5	6	4	9	2	7	1	3	8
1	4	3	7	5	2	6	8	9
9	5	2	4	6	8	3	1	7
8	7	6	3	1	9	5	4	2
2	8	7	6	9	3	4	5	1
6	9	5	1	7	4	8	2	3
4	3	1	2	8	5	9	7	6

Day 175

8	1	4	5	9	6	3	2	7
5	6	2	3	1	7	9	4	8
7	9	3	4	8	2	1	5	6
3	4	9	8	6	1	5	7	2
1	2	5	7	4	3	8	6	9
6	7	8	2	5	9	4	3	1
4	5	1	6	2	8	7	9	3
2	8	7	9	3	5	6	1	4
9	3	6	1	7	4	2	8	5

Day 176

1	2	6	5	3	7	4	9	8
9	7	5	8	6	4	3	1	2
3	4	8	2	1	9	5	7	6
8	6	4	3	9	5	7	2	1
2	3	7	4	8	1	6	5	9
5	9	1	6	7	2	8	4	3
4	1	3	7	2	8	9	6	5
7	8	2	9	5	6	1	3	4
6	5	9	1	4	3	2	8	7

Day 177

7	5	2	1	9	8	3	4	6
1	4	9	5	3	6	7	8	2
6	3	8	2	7	4	5	1	9
5	9	3	8	4	2	6	7	1
2	6	1	3	5	7	4	9	8
4	8	7	9	6	1	2	3	5
9	1	6	7	2	3	8	5	4
8	7	4	6	1	5	9	2	3
3	2	5	4	8	9	1	6	7

Day 178

8	4	1	9	2	7	5	3	6
9	3	7	4	5	6	2	8	1
2	6	5	1	3	8	7	4	9
1	7	2	5	6	3	4	9	8
3	8	4	2	1	9	6	5	7
6	5	9	7	8	4	3	1	2
7	9	8	6	4	5	1	2	3
4	1	6	3	9	2	8	7	5
5	2	3	8	7	1	9	6	4

Day 179

7	6	8	9	4	3	2	1	5
2	4	9	1	5	6	7	8	3
3	1	5	2	7	8	6	9	4
9	8	2	5	3	4	1	7	6
1	3	7	6	2	9	5	4	8
4	5	6	8	1	7	3	2	9
8	2	3	7	9	5	4	6	1
6	7	4	3	8	1	9	5	2
5	9	1	4	6	2	8	3	7

Day 180

3	7	4	9	6	5	2	1	8
5	8	6	2	4	1	7	3	9
9	1	2	8	3	7	5	6	4
8	3	1	7	2	4	9	5	6
4	6	9	5	1	8	3	7	2
2	5	7	6	9	3	4	8	1
7	9	8	1	5	2	6	4	3
1	2	3	4	7	6	8	9	5
6	4	5	3	8	9	1	2	7

SOLUTIONS

Day 181

1	2	5	9	4	6	7	3	8
8	3	4	2	7	1	9	5	6
6	7	9	3	5	8	4	1	2
3	9	6	8	1	7	5	2	4
5	1	7	4	9	2	6	8	3
4	8	2	5	6	3	1	9	7
9	6	3	1	8	4	2	7	5
7	5	8	6	2	9	3	4	1
2	4	1	7	3	5	8	6	9

Day 182

6	2	4	3	1	5	8	7	9
7	9	3	6	8	4	1	2	5
1	8	5	9	7	2	3	4	6
5	7	8	2	3	1	6	9	4
4	3	1	5	6	9	2	8	7
9	6	2	7	4	8	5	3	1
3	5	6	8	9	7	4	1	2
2	1	9	4	5	3	7	6	8
8	4	7	1	2	6	9	5	3

Day 183

2	6	7	8	9	1	5	3	4
4	9	1	3	5	7	6	8	2
3	8	5	4	2	6	9	1	7
5	3	6	9	8	2	4	7	1
7	1	2	6	3	4	8	9	5
9	4	8	1	7	5	2	6	3
6	5	3	7	4	8	1	2	9
1	2	9	5	6	3	7	4	8
8	7	4	2	1	9	3	5	6

Day 184

3	1	8	2	9	6	5	4	7
7	2	6	4	1	5	3	9	8
9	4	5	3	7	8	1	6	2
4	8	9	7	5	3	6	2	1
6	5	1	8	2	4	9	7	3
2	3	7	1	6	9	8	5	4
5	7	3	9	4	1	2	8	6
1	6	4	5	8	2	7	3	9
8	9	2	6	3	7	4	1	5

Day 185

6	8	9	1	5	7	4	2	3
4	1	3	6	8	2	9	5	7
7	2	5	9	3	4	8	1	6
3	4	1	2	7	8	5	6	9
2	5	6	3	4	9	7	8	1
8	9	7	5	1	6	2	3	4
5	7	4	8	6	3	1	9	2
9	6	8	4	2	1	3	7	5
1	3	2	7	9	5	6	4	8

Day 186

8	9	2	7	4	5	3	1	6
6	7	1	3	9	8	5	2	4
4	5	3	1	6	2	8	9	7
9	3	6	2	1	4	7	5	8
7	1	8	9	5	3	4	6	2
5	2	4	8	7	6	1	3	9
2	4	5	6	3	7	9	8	1
1	8	7	5	2	9	6	4	3
3	6	9	4	8	1	2	7	5

Day 187

2	6	9	4	3	1	8	5	7
5	8	7	2	6	9	1	4	3
4	3	1	8	7	5	6	2	9
1	2	8	6	5	7	3	9	4
9	4	6	3	8	2	7	1	5
7	5	3	1	9	4	2	8	6
6	1	5	9	2	3	4	7	8
3	7	2	5	4	8	9	6	1
8	9	4	7	1	6	5	3	2

Day 188

3	9	1	5	8	2	7	6	4
5	4	7	1	9	6	3	8	2
8	2	6	4	3	7	5	1	9
2	1	4	7	6	3	9	5	8
6	7	3	8	5	9	4	2	1
9	8	5	2	1	4	6	7	3
7	5	8	9	4	1	2	3	6
1	6	9	3	2	5	8	4	7
4	3	2	6	7	8	1	9	5

Day 189

4	9	7	6	2	3	5	1	8
6	1	2	7	5	8	3	4	9
3	8	5	4	1	9	2	6	7
8	3	4	2	9	1	6	7	5
1	2	9	5	6	7	4	8	3
7	5	6	8	3	4	9	2	1
9	7	3	1	4	6	8	5	2
5	4	1	3	8	2	7	9	6
2	6	8	9	7	5	1	3	4

Day 190

9	5	4	6	3	7	1	2	8
8	7	1	9	4	2	6	3	5
2	6	3	5	8	1	9	4	7
7	3	5	1	6	4	8	9	2
1	8	6	3	2	9	5	7	4
4	9	2	7	5	8	3	6	1
3	2	8	4	1	6	7	5	9
5	1	7	2	9	3	4	8	6
6	4	9	8	7	5	2	1	3

Day 191

8	4	7	5	2	1	6	9	3
6	5	3	9	7	4	8	1	2
2	9	1	8	3	6	7	5	4
1	2	8	6	9	3	5	4	7
4	3	6	7	1	5	9	2	8
5	7	9	2	4	8	1	3	6
9	6	4	3	5	7	2	8	1
3	8	5	1	6	2	4	7	9
7	1	2	4	8	9	3	6	5

Day 192

7	2	9	4	6	8	5	1	3
1	6	8	5	9	3	7	2	4
5	3	4	7	2	1	8	9	6
8	4	3	6	1	7	9	5	2
6	9	1	8	5	2	3	4	7
2	7	5	9	3	4	6	8	1
4	5	7	2	8	6	1	3	9
9	1	2	3	7	5	4	6	8
3	8	6	1	4	9	2	7	5

Day 193

8	3	1	2	9	6	4	5	7
7	9	2	8	5	4	3	1	6
6	4	5	7	3	1	8	9	2
3	2	8	5	6	9	7	4	1
4	6	9	1	7	8	5	2	3
1	5	7	3	4	2	9	6	8
9	7	3	6	2	5	1	8	4
5	8	6	4	1	7	2	3	9
2	1	4	9	8	3	6	7	5

Day 194

8	9	4	3	1	2	7	5	6
6	1	3	5	8	7	4	9	2
5	7	2	4	6	9	1	3	8
4	5	6	7	2	1	3	8	9
1	3	8	6	9	4	5	2	7
7	2	9	8	3	5	6	1	4
2	8	7	1	5	6	9	4	3
3	4	1	9	7	8	2	6	5
9	6	5	2	4	3	8	7	1

Day 195

2	7	6	4	3	8	1	9	5
5	8	9	6	1	7	4	3	2
3	1	4	9	2	5	8	6	7
6	9	5	2	8	4	7	1	3
7	3	8	1	5	9	2	4	6
4	2	1	7	6	3	9	5	8
1	5	3	8	9	2	6	7	4
8	6	7	5	4	1	3	2	9
9	4	2	3	7	6	5	8	1

Day 196

6	8	2	5	7	1	9	3	4
3	9	4	2	8	6	1	7	5
5	7	1	4	9	3	8	6	2
9	5	7	6	1	8	4	2	3
4	1	8	7	3	2	5	9	6
2	6	3	9	5	4	7	8	1
1	2	9	3	4	7	6	5	8
7	4	6	8	2	5	3	1	9
8	3	5	1	6	9	2	4	7

Day 197

4	7	3	1	5	8	2	6	9
8	2	1	3	9	6	7	5	4
9	5	6	7	4	2	1	8	3
7	8	9	6	1	3	4	2	5
6	1	4	2	8	5	9	3	7
2	3	5	9	7	4	8	1	6
5	6	8	4	2	9	3	7	1
3	9	7	8	6	1	5	4	2
1	4	2	5	3	7	6	9	8

Day 198

5	6	4	2	1	7	3	8	9
8	9	3	5	6	4	2	1	7
1	2	7	3	8	9	6	5	4
4	3	9	7	2	8	1	6	5
6	5	8	4	9	1	7	2	3
7	1	2	6	3	5	4	9	8
2	7	5	8	4	6	9	3	1
9	8	6	1	7	3	5	4	2
3	4	1	9	5	2	8	7	6

Day 199

9	1	6	3	7	4	2	8	5
5	2	3	8	6	9	7	4	1
7	4	8	5	1	2	9	3	6
2	8	9	1	3	5	6	7	4
1	6	4	7	2	8	5	9	3
3	7	5	4	9	6	8	1	2
8	3	1	6	5	7	4	2	9
6	9	7	2	4	3	1	5	8
4	5	2	9	8	1	3	6	7

Day 200

9	3	2	7	1	6	4	5	8
1	6	4	9	5	8	7	2	3
8	5	7	2	3	4	9	1	6
3	9	1	4	6	5	2	8	7
4	7	6	3	8	2	1	9	5
2	8	5	1	9	7	3	6	4
6	2	9	5	7	3	8	4	1
5	1	3	8	4	9	6	7	2
7	4	8	6	2	1	5	3	9

SOLUTIONS

Day 201

```
2 4 5 8 9 6 1 7 3
8 6 1 5 3 7 4 2 9
3 7 9 2 1 4 5 8 6
1 8 6 7 2 3 9 4 5
9 5 2 6 4 8 3 1 7
7 3 4 1 5 9 2 6 8
4 9 8 3 7 2 6 5 1
5 2 7 9 6 1 8 3 4
6 1 3 4 8 5 7 9 2
```

Day 202

```
2 4 3 6 1 7 9 8 5
9 5 1 8 2 4 7 3 6
7 8 6 3 9 5 2 4 1
5 3 9 4 6 2 1 7 8
6 1 8 7 3 9 4 5 2
4 7 2 5 8 1 6 9 3
8 6 7 2 4 3 5 1 9
3 9 4 1 5 6 8 2 7
1 2 5 9 7 8 3 6 4
```

Day 203

```
4 6 2 5 8 9 1 7 3
9 3 5 6 7 1 4 8 2
7 8 1 3 4 2 9 6 5
6 5 7 4 2 8 3 9 1
8 1 4 9 6 3 2 5 7
3 2 9 7 1 5 8 4 6
1 4 8 2 5 6 7 3 9
5 7 3 1 9 4 6 2 8
2 9 6 8 3 7 5 1 4
```

Day 204

```
6 8 4 2 9 3 7 1 5
1 2 3 7 8 5 6 9 4
5 7 9 4 6 1 8 2 3
9 6 7 5 4 2 3 8 1
4 5 2 1 3 8 9 6 7
8 3 1 9 7 6 5 4 2
3 4 5 8 1 9 2 7 6
7 9 6 3 2 4 1 5 8
2 1 8 6 5 7 4 3 9
```

Day 205

```
3 4 9 6 8 1 5 2 7
2 5 8 9 7 4 3 1 6
1 6 7 2 5 3 9 4 8
5 3 2 4 1 7 6 8 9
7 9 4 3 6 8 2 5 1
8 1 6 5 2 9 4 7 3
9 7 5 8 4 6 1 3 2
4 8 3 1 9 2 7 6 5
6 2 1 7 3 5 8 9 4
```

Day 206

```
2 8 3 7 5 9 4 1 6
9 6 1 2 8 4 5 3 7
5 4 7 6 3 1 8 2 9
1 5 9 3 2 6 7 4 8
3 7 6 9 4 8 1 5 2
8 2 4 1 7 5 6 9 3
6 9 8 5 1 3 2 7 4
4 1 2 8 9 7 3 6 5
7 3 5 4 6 2 9 8 1
```

Day 207

```
8 9 5 4 7 6 1 2 3
6 7 1 3 2 8 4 5 9
3 2 4 5 1 9 7 6 8
7 3 9 8 6 2 5 1 4
5 8 2 1 9 4 3 7 6
4 1 6 7 3 5 9 8 2
2 4 3 6 5 1 8 9 7
9 5 8 2 4 7 6 3 1
1 6 7 9 8 3 2 4 5
```

Day 208

```
7 9 4 6 1 3 8 5 2
2 1 5 8 7 9 6 3 4
6 8 3 2 5 4 9 7 1
9 6 8 5 2 1 7 4 3
4 2 1 7 3 6 5 9 8
3 5 7 4 9 8 2 1 6
8 3 2 9 4 5 1 6 7
1 7 9 3 6 2 4 8 5
5 4 6 1 8 7 3 2 9
```

Day 209

```
2 6 8 7 1 9 4 3 5
3 1 7 4 8 5 6 2 9
9 5 4 2 6 3 1 8 7
6 4 3 5 2 1 9 7 8
5 2 9 8 4 7 3 1 6
7 8 1 3 9 6 2 5 4
8 3 2 9 5 4 7 6 1
4 7 6 1 3 8 5 9 2
1 9 5 6 7 2 8 4 3
```

Day 210

```
2 1 9 5 7 3 4 8 6
3 4 6 1 8 9 5 2 7
5 8 7 6 4 2 3 9 1
8 9 2 3 1 4 6 7 5
4 5 3 9 6 7 8 1 2
7 6 1 2 5 8 9 4 3
9 7 5 4 2 6 1 3 8
6 3 8 7 9 1 2 5 4
1 2 4 8 3 5 7 6 9
```

Day 211

```
9 3 4 6 5 2 8 7 1
8 1 2 4 3 7 9 6 5
6 5 7 9 1 8 3 4 2
4 2 6 8 7 1 5 3 9
5 7 8 3 6 9 2 1 4
1 9 3 2 4 5 7 8 6
7 4 9 1 2 3 6 5 8
3 8 1 5 9 6 4 2 7
2 6 5 7 8 4 1 9 3
```

Day 212

```
7 4 5 8 6 9 1 2 3
1 3 2 7 5 4 8 9 6
8 6 9 1 3 2 7 4 5
2 1 6 3 4 7 5 8 9
9 8 7 5 2 6 4 3 1
3 5 4 9 1 8 6 7 2
6 7 3 2 8 5 9 1 4
4 9 1 6 7 3 2 5 8
5 2 8 4 9 1 3 6 7
```

Day 213

```
7 2 5 9 4 3 1 8 6
9 4 8 2 6 1 7 3 5
3 1 6 8 7 5 4 9 2
1 3 7 4 5 2 9 6 8
6 5 2 7 8 9 3 4 1
4 8 9 3 1 6 2 5 7
8 9 1 6 2 4 5 7 3
2 6 4 5 3 7 8 1 9
5 7 3 1 9 8 6 2 4
```

Day 214

```
1 4 2 7 8 9 3 5 6
8 9 3 6 2 5 7 1 4
7 6 5 4 1 3 9 2 8
2 5 7 3 4 8 6 9 1
9 1 8 2 6 7 4 3 5
6 3 4 5 9 1 8 7 2
5 2 6 9 3 4 1 8 7
4 8 9 1 7 2 5 6 3
3 7 1 8 5 6 2 4 9
```

Day 215

```
4 1 7 6 8 3 5 9 2
3 6 9 7 5 2 8 1 4
5 2 8 4 1 9 7 6 3
9 8 5 2 7 1 3 4 6
6 7 4 9 3 8 1 2 5
1 3 2 5 6 4 9 8 7
2 9 3 8 4 7 6 5 1
7 4 6 1 9 5 2 3 8
8 5 1 3 2 6 4 7 9
```

Day 216

```
4 5 8 9 2 1 6 3 7
9 1 3 8 7 6 5 4 2
2 6 7 5 3 4 9 8 1
1 3 2 6 9 8 4 7 5
6 9 4 1 5 7 8 2 3
7 8 5 3 4 2 1 6 9
5 4 9 7 8 3 2 1 6
3 2 6 4 1 5 7 9 8
8 7 1 2 6 9 3 5 4
```

Day 217

```
1 8 5 9 7 3 4 6 2
7 4 2 8 5 6 3 1 9
9 6 3 1 4 2 8 7 5
2 9 1 6 3 4 7 5 8
4 3 6 7 8 5 2 9 1
5 7 8 2 9 1 6 4 3
3 1 9 4 6 8 5 2 7
8 2 4 5 1 7 9 3 6
6 5 7 3 2 9 1 8 4
```

Day 218

```
6 1 7 2 4 8 9 3 5
8 5 9 1 7 3 6 4 2
3 4 2 9 6 5 8 1 7
9 3 6 4 5 2 1 7 8
5 8 4 7 1 9 3 2 6
7 2 1 3 8 6 5 9 4
1 9 5 6 2 7 4 8 3
4 7 8 5 3 1 2 6 9
2 6 3 8 9 4 7 5 1
```

Day 219

```
1 8 5 7 3 2 9 4 6
9 3 7 4 6 5 8 2 1
4 6 2 9 1 8 5 3 7
8 4 1 3 7 6 2 5 9
7 5 6 2 4 9 1 8 3
2 9 3 8 5 1 6 7 4
5 7 9 6 2 4 3 1 8
3 1 8 5 9 7 4 6 2
6 2 4 1 8 3 7 9 5
```

Day 220

```
9 3 4 2 7 6 1 8 5
8 5 6 1 4 9 2 7 3
1 2 7 5 8 3 4 6 9
4 9 3 6 2 8 7 5 1
5 6 8 7 3 1 9 4 2
2 7 1 4 9 5 8 3 6
6 1 9 8 5 4 3 2 7
3 8 2 9 6 7 5 1 4
7 4 5 3 1 2 6 9 8
```

BEST EVER SUDOKU
SOLUTIONS

Day 221
6	2	1	5	7	8	4	9	3
4	9	5	2	3	1	7	6	8
7	8	3	9	6	4	1	5	2
5	1	8	3	9	2	6	4	7
2	3	7	4	1	6	9	8	5
9	4	6	8	5	7	2	3	1
1	7	9	6	8	3	5	2	4
8	5	4	7	2	9	3	1	6
3	6	2	1	4	5	8	7	9

Day 222
9	6	2	1	8	5	3	7	4
4	5	3	7	2	6	9	1	8
7	8	1	4	3	9	2	5	6
6	1	7	8	9	3	4	2	5
2	9	8	5	7	4	6	3	1
3	4	5	2	6	1	8	9	7
5	7	6	9	4	2	1	8	3
1	2	4	3	5	8	7	6	9
8	3	9	6	1	7	5	4	2

Day 223
3	8	2	5	1	7	6	9	4
9	1	6	3	8	4	5	2	7
5	4	7	2	6	9	3	8	1
1	2	9	7	3	8	4	6	5
8	5	3	6	4	1	2	7	9
7	6	4	9	2	5	1	3	8
6	9	1	8	5	2	7	4	3
2	7	5	4	9	3	8	1	6
4	3	8	1	7	6	9	5	2

Day 224
2	6	7	5	4	9	8	3	1
5	1	8	3	2	6	4	7	9
9	3	4	7	1	8	2	5	6
6	5	1	8	3	2	9	4	7
7	8	9	6	5	4	1	2	3
4	2	3	9	7	1	6	8	5
8	9	5	2	6	7	3	1	4
1	7	6	4	8	3	5	9	2
3	4	2	1	9	5	7	6	8

Day 225
4	9	6	1	2	7	8	3	5
5	2	3	8	4	9	1	6	7
7	1	8	5	6	3	2	4	9
1	4	2	7	5	6	3	9	8
8	3	7	9	1	4	5	2	6
6	5	9	3	8	2	4	7	1
9	7	5	4	3	1	6	8	2
3	6	1	2	7	8	9	5	4
2	8	4	6	9	5	7	1	3

Day 226
1	6	2	4	9	8	7	3	5
4	3	9	5	6	7	2	8	1
5	7	8	2	1	3	6	4	9
3	5	7	6	8	1	4	9	2
8	1	4	9	5	2	3	6	7
2	9	6	7	3	4	1	5	8
9	2	5	1	4	6	8	7	3
7	4	3	8	2	5	9	1	6
6	8	1	3	7	9	5	2	4

Day 227
3	1	2	5	6	9	4	7	8
4	8	7	3	2	1	6	5	9
9	5	6	7	8	4	2	3	1
8	2	5	9	3	7	1	4	6
7	9	3	4	1	6	8	2	5
1	6	4	8	5	2	7	9	3
5	7	1	6	4	3	9	8	2
2	3	9	1	7	8	5	6	4
6	4	8	2	9	5	3	1	7

Day 228
6	5	9	7	4	8	3	1	2
7	4	2	3	9	1	8	6	5
8	1	3	5	6	2	7	4	9
5	9	6	4	7	3	2	8	1
4	7	8	2	1	5	9	3	6
3	2	1	9	8	6	5	7	4
9	3	4	1	5	7	6	2	8
1	6	7	8	2	9	4	5	3
2	8	5	6	3	4	1	9	7

Day 229
4	8	7	1	3	9	2	6	5
5	1	2	4	8	6	9	7	3
9	6	3	7	5	2	1	4	8
1	3	8	5	9	4	6	2	7
6	7	9	8	2	3	4	5	1
2	4	5	6	1	7	3	8	9
7	2	1	9	4	5	8	3	6
3	9	6	2	7	8	5	1	4
8	5	4	3	6	1	7	9	2

Day 230
9	6	8	1	7	3	2	4	5
2	7	5	6	4	9	3	1	8
1	3	4	2	8	5	7	9	6
7	8	6	3	9	1	5	2	4
5	4	1	8	2	7	6	3	9
3	9	2	5	6	4	1	8	7
6	1	3	9	5	8	4	7	2
8	5	7	4	3	2	9	6	1
4	2	9	7	1	6	8	5	3

Day 231
6	2	8	3	4	9	7	1	5
4	5	3	7	1	8	6	2	9
1	9	7	6	2	5	8	4	3
3	8	9	4	5	7	1	6	2
7	4	2	1	6	3	9	5	8
5	1	6	8	9	2	3	7	4
8	6	1	2	3	4	5	9	7
9	3	4	5	7	6	2	8	1
2	7	5	9	8	1	4	3	6

Day 232
7	5	3	8	1	6	4	2	9
2	4	1	9	5	7	8	3	6
9	8	6	4	2	3	5	7	1
8	6	7	5	9	2	1	4	3
4	9	2	6	3	1	7	8	5
1	3	5	7	8	4	6	9	2
3	7	4	2	6	5	9	1	8
5	1	9	3	7	8	2	6	4
6	2	8	1	4	9	3	5	7

Day 233
2	3	5	8	9	6	7	1	4
4	9	1	5	2	7	3	8	6
6	8	7	4	1	3	5	2	9
3	6	4	1	5	2	8	9	7
1	5	8	7	4	9	6	3	2
9	7	2	3	6	8	1	4	5
7	4	6	9	8	1	2	5	3
5	1	3	2	7	4	9	6	8
8	2	9	6	3	5	4	7	1

Day 234
2	7	8	6	9	5	1	4	3
6	9	5	3	4	1	8	2	7
3	4	1	7	2	8	9	6	5
4	3	9	5	1	7	2	8	6
5	1	6	2	8	9	7	3	4
8	2	7	4	3	6	5	1	9
7	8	3	1	5	4	6	9	2
9	6	2	8	7	3	4	5	1
1	5	4	9	6	2	3	7	8

Day 235
7	2	1	5	9	6	3	8	4
5	6	9	3	4	8	1	7	2
3	4	8	2	1	7	6	5	9
1	3	7	4	6	9	5	2	8
8	9	4	1	5	2	7	6	3
2	5	6	7	8	3	4	9	1
9	8	5	6	3	1	2	4	7
4	7	3	8	2	5	9	1	6
6	1	2	9	7	4	8	3	5

Day 236
1	8	4	5	9	7	6	2	3
6	5	9	3	1	2	7	4	8
3	7	2	4	6	8	5	9	1
8	4	6	1	7	5	9	3	2
7	9	1	2	4	3	8	5	6
5	2	3	9	8	6	1	7	4
4	6	8	7	3	9	2	1	5
9	3	5	8	2	1	4	6	7
2	1	7	6	5	4	3	8	9

Day 237
5	7	4	9	1	6	8	3	2
2	1	9	7	3	8	5	6	4
3	8	6	5	2	4	9	1	7
8	6	1	4	7	2	3	5	9
7	9	3	6	5	1	4	2	8
4	2	5	8	9	3	1	7	6
6	5	7	1	4	9	2	8	3
1	4	2	3	8	7	6	9	5
9	3	8	2	6	5	7	4	1

Day 238
4	3	6	1	7	5	9	8	2
2	5	8	4	6	9	7	1	3
9	1	7	3	2	8	6	4	5
6	7	1	9	5	4	2	3	8
8	9	5	2	3	1	4	6	7
3	2	4	6	8	7	1	5	9
7	4	3	5	9	6	8	2	1
5	6	9	8	1	2	3	7	4
1	8	2	7	4	3	5	9	6

Day 239
9	5	4	1	8	2	7	3	6
2	7	3	6	5	4	9	8	1
8	1	6	9	3	7	4	2	5
3	8	9	2	1	6	5	4	7
5	6	1	7	4	3	8	9	2
4	2	7	5	9	8	1	6	3
7	9	8	3	2	5	6	1	4
1	3	5	4	6	9	2	7	8
6	4	2	8	7	1	3	5	9

Day 240
3	6	9	5	2	4	1	7	8
1	4	2	8	9	7	3	5	6
8	7	5	6	3	1	2	9	4
5	8	7	9	1	2	4	6	3
4	9	1	3	5	6	7	8	2
6	2	3	4	7	8	9	1	5
7	1	4	2	6	5	8	3	9
9	5	8	1	4	3	6	2	7
2	3	6	7	8	9	5	4	1

SOLUTIONS

Day 241

1	2	7	6	9	3	4	8	5
3	9	4	1	5	8	2	6	7
5	8	6	4	7	2	3	9	1
9	5	8	2	6	7	1	3	4
7	6	2	3	4	1	9	5	8
4	1	3	9	8	5	7	2	6
2	4	1	5	3	6	8	7	9
6	7	9	8	2	4	5	1	3
8	3	5	7	1	9	6	4	2

Day 242

6	7	9	3	5	1	2	8	4
5	2	1	4	8	7	3	9	6
3	8	4	2	6	9	5	1	7
8	1	6	5	9	4	7	3	2
7	4	3	6	2	8	9	5	1
9	5	2	7	1	3	6	4	8
2	9	7	8	4	5	1	6	3
1	3	8	9	7	6	4	2	5
4	6	5	1	3	2	8	7	9

Day 243

7	2	4	9	8	3	5	6	1
1	8	5	4	7	6	2	3	9
3	6	9	2	1	5	8	4	7
4	5	6	7	3	9	1	2	8
9	1	2	8	5	4	6	7	3
8	3	7	1	6	2	4	9	5
6	7	1	3	2	8	9	5	4
2	9	3	5	4	1	7	8	6
5	4	8	6	9	7	3	1	2

Day 244

9	7	4	6	3	5	8	2	1
1	8	6	2	9	7	3	4	5
5	3	2	8	1	4	6	9	7
3	2	8	1	4	9	7	5	6
4	9	1	7	5	6	2	8	3
7	6	5	3	2	8	4	1	9
2	1	9	4	7	3	5	6	8
8	5	7	9	6	2	1	3	4
6	4	3	5	8	1	9	7	2

Day 245

6	8	9	5	1	4	3	7	2
4	7	5	3	8	2	6	1	9
2	1	3	7	6	9	8	4	5
7	9	1	4	5	6	2	3	8
3	6	2	9	7	8	4	5	1
5	4	8	2	3	1	9	6	7
9	2	7	6	4	5	1	8	3
8	3	4	1	2	7	5	9	6
1	5	6	8	9	3	7	2	4

Day 246

9	7	2	3	1	5	6	4	8
5	6	4	2	9	8	7	1	3
8	1	3	7	6	4	5	9	2
7	3	6	8	5	1	4	2	9
4	2	5	9	3	6	8	7	1
1	9	8	4	2	7	3	6	5
6	4	9	1	8	3	2	5	7
3	5	1	6	7	2	9	8	4
2	8	7	5	4	9	1	3	6

Day 247

7	1	9	6	3	2	4	8	5
2	6	5	4	1	8	3	9	7
4	3	8	9	7	5	1	6	2
6	4	1	5	2	7	8	3	9
5	9	3	8	4	6	2	7	1
8	7	2	3	9	1	5	4	6
1	5	4	7	6	3	9	2	8
3	8	7	2	5	9	6	1	4
9	2	6	1	8	4	7	5	3

Day 248

8	4	2	3	1	5	9	6	7
1	9	3	6	7	8	2	4	5
7	6	5	4	9	2	8	1	3
6	3	8	5	4	1	7	9	2
9	5	7	2	6	3	4	8	1
4	2	1	7	8	9	5	3	6
5	1	4	9	3	7	6	2	8
3	7	6	8	2	4	1	5	9
2	8	9	1	5	6	3	7	4

Day 249

7	9	2	8	6	5	1	4	3
5	4	6	7	3	1	8	9	2
3	8	1	9	4	2	6	5	7
6	1	3	2	8	4	9	7	5
4	5	9	3	7	6	2	1	8
2	7	8	1	5	9	3	6	4
1	3	7	5	9	8	4	2	6
8	2	4	6	1	7	5	3	9
9	6	5	4	2	3	7	8	1

Day 250

3	5	2	1	6	8	4	7	9
7	8	4	9	5	3	6	2	1
9	6	1	2	4	7	3	5	8
8	4	7	6	3	9	5	1	2
5	1	9	4	8	2	7	6	3
6	2	3	5	7	1	8	9	4
1	7	6	8	9	4	2	3	5
4	9	5	3	2	6	1	8	7
2	3	8	7	1	5	9	4	6

Day 251

5	4	9	1	7	3	6	2	8
1	8	7	4	6	2	5	9	3
3	6	2	5	9	8	7	1	4
6	7	5	9	8	4	2	3	1
4	9	3	2	1	5	8	6	7
2	1	8	6	3	7	9	4	5
7	2	6	8	4	1	3	5	9
9	3	4	7	5	6	1	8	2
8	5	1	3	2	9	4	7	6

Day 252

9	4	6	7	1	5	2	8	3
2	3	7	6	9	8	5	4	1
8	1	5	3	2	4	6	7	9
7	9	1	8	5	2	4	3	6
3	6	8	4	7	1	9	2	5
5	2	4	9	6	3	7	1	8
6	8	3	5	4	7	1	9	2
4	5	2	1	8	9	3	6	7
1	7	9	2	3	6	8	5	4

Day 253

4	6	1	5	9	7	2	8	3
2	5	8	1	4	3	9	6	7
3	7	9	2	6	8	5	1	4
1	4	7	8	3	5	6	2	9
8	2	5	6	7	9	4	3	1
9	3	6	4	2	1	7	5	8
5	8	4	7	1	2	3	9	6
7	1	3	9	5	6	8	4	2
6	9	2	3	8	4	1	7	5

Day 254

5	1	6	8	9	3	4	7	2
4	3	7	1	2	5	6	8	9
9	8	2	6	7	4	3	1	5
1	7	8	5	4	9	2	6	3
2	5	3	7	1	6	9	4	8
6	4	9	2	3	8	7	5	1
8	2	4	3	6	1	5	9	7
7	9	5	4	8	2	1	3	6
3	6	1	9	5	7	8	2	4

Day 255

2	4	8	9	3	1	7	5	6
7	3	9	6	2	5	4	8	1
5	6	1	8	7	4	2	9	3
3	2	7	5	8	6	1	4	9
8	9	6	1	4	7	5	3	2
4	1	5	2	9	3	6	7	8
1	8	3	4	5	2	9	6	7
6	7	4	3	1	9	8	2	5
9	5	2	7	6	8	3	1	4

Day 256

3	9	1	8	4	6	7	2	5
2	8	4	7	5	1	3	6	9
6	7	5	2	9	3	8	4	1
9	2	8	1	7	4	5	3	6
5	4	6	3	2	9	1	8	7
7	1	3	6	8	5	4	9	2
1	6	9	4	3	7	2	5	8
4	5	2	9	1	8	6	7	3
8	3	7	5	6	2	9	1	4

Day 257

6	3	2	7	8	1	5	9	4
7	1	9	2	5	4	8	3	6
4	5	8	6	9	3	2	7	1
2	7	1	9	3	6	4	5	8
9	6	5	4	7	8	1	2	3
8	4	3	5	1	2	9	6	7
5	9	4	1	6	7	3	8	2
3	2	7	8	4	5	6	1	9
1	8	6	3	2	9	7	4	5

Day 258

1	7	6	2	3	4	8	9	5
9	5	3	7	8	1	6	4	2
8	4	2	5	6	9	1	7	3
3	1	4	9	5	6	2	8	7
6	2	9	8	7	3	5	1	4
5	8	7	1	4	2	3	6	9
2	9	8	3	1	7	4	5	6
4	3	1	6	9	5	7	2	8
7	6	5	4	2	8	9	3	1

Day 259

6	8	7	9	2	5	1	3	4
2	3	4	7	6	1	5	9	8
5	9	1	8	3	4	6	7	2
1	7	9	6	8	2	3	4	5
3	4	2	5	9	7	8	1	6
8	6	5	4	1	3	7	2	9
4	1	8	2	7	6	9	5	3
7	2	6	3	5	9	4	8	1
9	5	3	1	4	8	2	6	7

Day 260

3	4	2	9	7	8	5	6	1
9	7	5	6	4	1	3	8	2
8	1	6	2	5	3	7	4	9
6	9	1	4	3	2	8	5	7
2	8	3	5	1	7	6	9	4
4	5	7	8	6	9	1	2	3
1	2	8	7	9	6	4	3	5
7	6	4	3	2	5	9	1	8
5	3	9	1	8	4	2	7	6

Day 261

5	9	3	6	8	2	1	7	4
2	6	4	3	1	7	8	5	9
8	7	1	4	5	9	3	6	2
1	4	9	2	3	6	7	8	5
7	8	6	9	4	5	2	1	3
3	2	5	1	7	8	4	9	6
4	5	7	8	9	3	6	2	1
9	3	2	7	6	1	5	4	8
6	1	8	5	2	4	9	3	7

Day 262

8	7	9	4	6	5	3	1	2
6	1	2	9	8	3	7	4	5
3	5	4	7	2	1	8	9	6
2	4	8	5	3	6	1	7	9
5	6	3	1	9	7	4	2	8
1	9	7	2	4	8	5	6	3
9	2	5	8	7	4	6	3	1
7	8	6	3	1	2	9	5	4
4	3	1	6	5	9	2	8	7

Day 263

9	1	8	6	2	5	4	3	7
6	2	7	3	1	4	9	5	8
3	4	5	7	9	8	6	1	2
5	6	4	8	3	9	7	2	1
1	3	9	2	6	7	8	4	5
8	7	2	5	4	1	3	9	6
2	8	3	9	5	6	1	7	4
4	9	6	1	7	2	5	8	3
7	5	1	4	8	3	2	6	9

Day 264

1	9	4	2	5	8	7	6	3
8	3	7	9	4	6	5	1	2
5	6	2	3	7	1	9	4	8
3	7	8	6	9	5	1	2	4
2	4	1	8	3	7	6	9	5
9	5	6	1	2	4	3	8	7
4	8	5	7	6	9	2	3	1
7	2	9	4	1	3	8	5	6
6	1	3	5	8	2	4	7	9

Day 265

5	4	6	2	9	1	8	7	3
7	3	9	6	5	8	2	1	4
8	1	2	4	7	3	9	5	6
3	8	7	9	6	5	1	4	2
9	6	5	1	2	4	7	3	8
4	2	1	8	3	7	6	9	5
6	7	8	5	4	9	3	2	1
2	9	4	3	1	6	5	8	7
1	5	3	7	8	2	4	6	9

SOLUTIONS

Day 266
1	9	4	8	7	6	2	3	5
3	2	8	1	4	5	7	6	9
5	7	6	2	3	9	4	1	8
7	5	1	4	6	3	8	9	2
8	6	9	5	2	1	3	4	7
4	3	2	9	8	7	1	5	6
2	8	5	6	1	4	9	7	3
9	4	3	7	5	8	6	2	1
6	1	7	3	9	2	5	8	4

Day 267
7	1	3	5	4	2	8	6	9
6	2	5	9	3	8	4	1	7
9	8	4	7	6	1	2	5	3
5	3	1	2	9	4	7	8	6
4	7	6	8	1	3	5	9	2
8	9	2	6	5	7	3	4	1
2	4	9	1	7	5	6	3	8
1	5	7	3	8	6	9	2	4
3	6	8	4	2	9	1	7	5

Day 268
4	3	2	5	7	1	8	6	9
7	1	5	9	8	6	4	3	2
6	9	8	3	2	4	5	7	1
2	7	6	8	3	9	1	4	5
9	8	4	1	5	7	3	2	6
1	5	3	4	6	2	7	9	8
3	4	9	2	1	8	6	5	7
5	6	1	7	9	3	2	8	4
8	2	7	6	4	5	9	1	3

Day 269
1	9	7	8	5	6	3	4	2
6	2	4	7	3	1	9	8	5
5	3	8	2	4	9	6	7	1
2	8	6	1	7	3	4	5	9
7	5	3	6	9	4	2	1	8
4	1	9	5	8	2	7	3	6
9	4	5	3	2	8	1	6	7
3	7	1	9	6	5	8	2	4
8	6	2	4	1	7	5	9	3

Day 270
9	4	1	3	2	7	6	5	8
5	8	3	9	6	4	7	2	1
2	7	6	8	1	5	9	4	3
1	5	4	2	9	3	8	6	7
7	9	8	5	4	6	1	3	2
6	3	2	1	7	8	4	9	5
4	2	5	7	8	9	3	1	6
3	6	7	4	5	1	2	8	9
8	1	9	6	3	2	5	7	4

Day 271
1	3	9	5	2	6	8	7	4
8	6	7	4	3	1	9	2	5
2	5	4	7	9	8	1	3	6
4	1	3	8	6	7	5	9	2
9	8	6	2	5	3	4	1	7
7	2	5	1	4	9	6	8	3
6	4	1	9	7	2	3	5	8
3	9	2	6	8	5	7	4	1
5	7	8	3	1	4	2	6	9

Day 272
7	2	6	4	8	9	1	5	3
4	5	1	3	6	7	2	8	9
3	8	9	2	5	1	6	7	4
5	1	2	9	3	6	8	4	7
9	7	4	1	2	8	5	3	6
8	6	3	5	7	4	9	2	1
6	3	7	8	1	5	4	9	2
2	9	8	6	4	3	7	1	5
1	4	5	7	9	2	3	6	8

Day 273
7	2	4	5	3	6	1	9	8
1	9	5	8	2	4	7	3	6
3	6	8	7	9	1	5	4	2
9	8	3	2	4	7	6	1	5
6	7	1	9	8	5	3	2	4
5	4	2	1	6	3	9	8	7
8	5	7	4	1	9	2	6	3
2	3	9	6	7	8	4	5	1
4	1	6	3	5	2	8	7	9

Day 274
7	5	8	4	2	9	6	1	3
4	1	2	6	3	8	7	9	5
3	9	6	7	5	1	4	2	8
6	2	7	5	8	3	1	4	9
1	4	3	9	7	2	8	5	6
5	8	9	1	4	6	3	7	2
2	6	5	3	1	7	9	8	4
9	7	4	8	6	5	2	3	1
8	3	1	2	9	4	5	6	7

Day 275
7	2	4	3	8	1	6	9	5
3	8	6	5	9	2	1	4	7
1	9	5	6	4	7	2	8	3
9	3	2	7	5	4	8	6	1
8	6	7	9	1	3	4	5	2
4	5	1	8	2	6	3	7	9
6	1	9	2	7	8	5	3	4
2	7	8	4	3	5	9	1	6
5	4	3	1	6	9	7	2	8

Day 276
1	3	7	2	5	9	8	6	4
4	5	2	8	6	3	7	9	1
6	8	9	7	4	1	3	5	2
7	9	8	5	3	2	4	1	6
3	2	6	9	1	4	5	7	8
5	4	1	6	8	7	9	2	3
2	7	3	4	9	6	1	8	5
8	6	4	1	7	5	2	3	9
9	1	5	3	2	8	6	4	7

Day 277
5	8	9	2	4	6	7	3	1
6	2	7	9	3	1	8	5	4
1	3	4	8	7	5	9	6	2
3	4	1	7	6	9	2	8	5
8	7	6	5	2	4	3	1	9
2	9	5	1	8	3	6	4	7
4	5	8	6	9	2	1	7	3
9	6	3	4	1	7	5	2	8
7	1	2	3	5	8	4	9	6

Day 278
3	2	7	9	1	4	5	8	6
4	1	9	5	6	8	2	3	7
8	6	5	2	7	3	1	9	4
9	7	6	1	3	2	4	5	8
1	8	3	4	5	7	9	6	2
5	4	2	6	8	9	7	1	3
6	9	4	3	2	5	8	7	1
2	3	8	7	9	1	6	4	5
7	5	1	8	4	6	3	2	9

Day 279
3	7	1	9	4	2	6	5	8
6	9	2	7	8	5	1	4	3
8	5	4	6	3	1	7	2	9
4	1	8	5	2	9	3	7	6
7	3	5	8	6	4	9	1	2
2	6	9	3	1	7	4	8	5
9	4	3	1	5	8	2	6	7
5	2	6	4	7	3	8	9	1
1	8	7	2	9	6	5	3	4

Day 280
1	9	8	3	6	5	7	4	2
3	4	6	7	2	9	1	5	8
5	2	7	8	4	1	9	3	6
6	7	4	9	8	3	5	2	1
2	8	5	1	7	4	3	6	9
9	3	1	6	5	2	8	7	4
4	1	2	5	9	7	6	8	3
8	5	9	4	3	6	2	1	7
7	6	3	2	1	8	4	9	5

Day 281
9	4	1	8	3	6	2	7	5
6	5	3	2	7	1	8	9	4
8	2	7	4	9	5	6	1	3
1	3	6	5	8	2	7	4	9
4	9	8	3	6	7	1	5	2
5	7	2	9	1	4	3	8	6
3	8	5	1	2	9	4	6	7
2	6	4	7	5	8	9	3	1
7	1	9	6	4	3	5	2	8

Day 282
8	4	7	3	2	9	1	6	5
2	6	1	5	7	8	9	4	3
9	3	5	1	4	6	8	2	7
7	5	9	8	6	4	2	3	1
3	8	2	7	1	5	4	9	6
6	1	4	9	3	2	7	5	8
5	7	6	2	9	1	3	8	4
4	9	3	6	8	7	5	1	2
1	2	8	4	5	3	6	7	9

Day 283
5	9	3	1	6	4	8	2	7
4	6	8	2	9	7	1	3	5
2	1	7	3	5	8	4	6	9
6	2	5	7	8	9	3	1	4
1	3	4	5	2	6	9	7	8
7	8	9	4	1	3	2	5	6
8	4	1	6	7	2	5	9	3
9	7	2	8	3	5	6	4	1
3	5	6	9	4	1	7	8	2

Day 284
9	6	5	8	1	3	2	7	4
7	8	4	9	2	6	5	3	1
1	2	3	4	5	7	8	6	9
2	4	6	3	9	5	7	1	8
8	5	9	1	7	2	3	4	6
3	1	7	6	4	8	9	2	5
4	7	2	5	8	1	6	9	3
6	9	8	2	3	4	1	5	7
5	3	1	7	6	9	4	8	2

Day 285
4	1	9	2	6	3	8	5	7
7	8	3	9	4	5	6	1	2
2	6	5	1	7	8	4	3	9
3	2	7	4	5	6	9	8	1
5	4	6	8	1	9	7	2	3
8	9	1	3	2	7	5	4	6
6	7	4	5	3	1	2	9	8
1	5	8	6	9	2	3	7	4
9	3	2	7	8	4	1	6	5

Day 286
1	4	9	7	3	6	2	5	8
6	8	3	9	2	5	4	7	1
2	7	5	8	1	4	6	3	9
4	9	6	3	5	2	8	1	7
8	3	1	4	9	7	5	2	6
7	5	2	6	8	1	9	4	3
3	6	7	2	4	8	1	9	5
5	2	8	1	7	9	3	6	4
9	1	4	5	6	3	7	8	2

Day 287
9	5	4	6	8	7	1	2	3
7	3	6	2	4	1	9	8	5
2	1	8	9	3	5	7	4	6
3	8	2	5	7	9	6	1	4
6	4	9	1	2	8	5	3	7
1	7	5	4	6	3	2	9	8
4	6	1	3	5	2	8	7	9
5	9	7	8	1	4	3	6	2
8	2	3	7	9	6	4	5	1

Day 288
7	9	4	3	2	8	5	6	1
2	3	1	6	7	5	4	8	9
6	8	5	1	9	4	7	2	3
5	7	2	8	3	9	6	1	4
4	6	9	7	1	2	8	3	5
3	1	8	5	4	6	2	9	7
9	2	3	4	8	7	1	5	6
8	5	7	9	6	1	3	4	2
1	4	6	2	5	3	9	7	8

Day 289
9	8	6	5	2	7	3	4	1
2	5	7	1	4	3	8	9	6
1	3	4	9	8	6	2	7	5
8	4	2	3	7	1	5	6	9
6	7	5	4	9	2	1	3	8
3	1	9	6	5	8	4	2	7
7	6	3	8	1	4	9	5	2
5	2	8	7	3	9	6	1	4
4	9	1	2	6	5	7	8	3

Day 290
7	5	9	8	1	2	3	4	6
1	2	3	9	6	4	7	5	8
8	4	6	5	7	3	9	2	1
9	8	1	2	3	6	4	7	5
2	6	7	4	5	8	1	3	9
4	3	5	7	9	1	6	8	2
5	1	4	6	2	7	8	9	3
3	9	8	1	4	5	2	6	7
6	7	2	3	8	9	5	1	4

BEST EVER SUDOKU

SOLUTIONS

Day 291

4	9	1	7	8	3	2	5	6
6	7	5	9	4	2	8	1	3
2	8	3	6	5	1	4	7	9
7	3	8	5	6	4	9	2	1
1	6	2	3	9	7	5	8	4
5	4	9	1	2	8	3	6	7
9	5	4	8	7	6	1	3	2
8	1	6	2	3	9	7	4	5
3	2	7	4	1	5	6	9	8

Day 292

7	9	1	5	3	6	2	8	4
4	5	6	8	2	7	9	1	3
8	3	2	4	1	9	6	7	5
9	7	3	1	6	5	4	2	8
2	1	8	3	9	4	5	6	7
6	4	5	7	8	2	3	9	1
5	2	4	9	7	1	8	3	6
3	6	7	2	5	8	1	4	9
1	8	9	6	4	3	7	5	2

Day 293

3	7	6	1	9	2	8	5	4
9	8	5	4	7	3	2	1	6
1	2	4	6	8	5	7	9	3
5	9	8	7	6	1	3	4	2
6	4	2	3	5	9	1	8	7
7	1	3	2	4	8	5	6	9
4	3	9	5	1	7	6	2	8
2	6	1	8	3	4	9	7	5
8	5	7	9	2	6	4	3	1

Day 294

6	1	4	3	7	9	8	5	2
3	2	9	4	5	8	1	6	7
7	8	5	6	2	1	4	3	9
8	9	1	2	6	7	3	4	5
4	3	7	1	9	5	6	2	8
2	5	6	8	3	4	7	9	1
1	7	2	5	4	3	9	8	6
9	6	3	7	8	2	5	1	4
5	4	8	9	1	6	2	7	3

Day 295

3	6	4	1	9	7	5	2	8
8	1	9	4	5	2	3	7	6
7	5	2	8	3	6	4	9	1
6	2	3	5	7	4	8	1	9
1	7	8	3	6	9	2	5	4
4	9	5	2	1	8	7	6	3
2	8	6	9	4	5	1	3	7
5	3	7	6	8	1	9	4	2
9	4	1	7	2	3	6	8	5

Day 296

4	7	1	2	9	6	3	8	5
8	3	9	5	4	7	2	6	1
2	6	5	1	8	3	7	9	4
7	8	4	9	3	5	6	1	2
5	9	2	7	6	1	4	3	8
6	1	3	4	2	8	9	5	7
3	2	8	6	1	4	5	7	9
9	5	6	8	7	2	1	4	3
1	4	7	3	5	9	8	2	6

Day 297

1	4	7	3	8	6	2	5	9
6	2	9	1	4	5	8	7	3
8	3	5	7	9	2	4	6	1
7	8	2	5	3	9	1	4	6
3	9	4	6	1	7	5	2	8
5	6	1	8	2	4	3	9	7
4	5	3	9	6	8	7	1	2
9	7	8	2	5	1	6	3	4
2	1	6	4	7	3	9	8	5

Day 298

3	1	7	9	2	6	4	5	8
6	8	4	3	1	5	2	7	9
2	9	5	4	7	8	6	3	1
5	2	9	7	6	4	8	1	3
8	4	6	1	9	3	5	2	7
7	3	1	5	8	2	9	4	6
4	6	2	8	3	1	7	9	5
1	7	8	2	5	9	3	6	4
9	5	3	6	4	7	1	8	2

Day 299

2	1	8	7	6	9	5	4	3
5	3	4	1	2	8	7	6	9
6	9	7	3	5	4	2	1	8
9	6	5	2	4	3	1	8	7
8	7	3	9	1	6	4	5	2
1	4	2	5	8	7	3	9	6
7	5	1	6	9	2	8	3	4
4	2	9	8	3	1	6	7	5
3	8	6	4	7	5	9	2	1

Day 300

7	2	6	8	9	5	3	1	4
5	9	4	1	3	7	8	2	6
1	8	3	4	2	6	7	5	9
2	3	9	7	4	8	1	6	5
8	5	7	6	1	9	4	3	2
4	6	1	3	5	2	9	7	8
9	4	2	5	7	1	6	8	3
3	7	8	2	6	4	5	9	1
6	1	5	9	8	3	2	4	7

Day 301

2	3	9	6	1	7	4	5	8
8	7	6	4	9	5	3	1	2
5	4	1	3	8	2	9	7	6
9	5	3	8	7	6	2	4	1
7	1	4	5	2	9	6	8	3
6	2	8	1	3	4	5	9	7
4	6	2	7	5	8	1	3	9
3	9	7	2	4	1	8	6	5
1	8	5	9	6	3	7	2	4

Day 302

5	2	1	3	8	6	7	9	4
3	9	7	4	5	2	8	1	6
8	4	6	1	7	9	2	3	5
6	3	9	2	4	5	1	8	7
4	7	2	6	1	8	9	5	3
1	5	8	9	3	7	4	6	2
2	1	3	8	6	4	5	7	9
7	8	4	5	9	3	6	2	1
9	6	5	7	2	1	3	4	8

Day 303

8	4	9	5	3	7	1	6	2
2	3	7	6	1	4	5	8	9
1	5	6	2	8	9	7	4	3
4	1	3	9	2	5	6	7	8
5	9	8	1	7	6	2	3	4
6	7	2	8	4	3	9	5	1
9	2	5	4	6	8	3	1	7
7	8	1	3	5	2	4	9	6
3	6	4	7	9	1	8	2	5

Day 304

2	9	1	3	6	7	5	4	8
7	5	4	1	8	9	3	2	6
8	6	3	2	5	4	7	9	1
4	8	6	7	1	2	9	3	5
5	3	9	8	4	6	2	1	7
1	7	2	5	9	3	8	6	4
3	4	8	6	2	5	1	7	9
9	2	5	4	7	1	6	8	3
6	1	7	9	3	8	4	5	2

Day 305

2	4	9	1	8	5	3	6	7
8	6	3	4	9	7	2	5	1
7	1	5	3	2	6	8	4	9
5	8	6	2	7	9	4	1	3
3	2	4	8	6	1	7	9	5
9	7	1	5	3	4	6	8	2
4	9	7	6	5	3	1	2	8
1	3	8	9	4	2	5	7	6
6	5	2	7	1	8	9	3	4

Day 306

8	7	1	6	5	4	9	3	2
5	9	6	2	1	3	7	4	8
2	3	4	9	8	7	1	5	6
1	6	5	3	2	9	4	8	7
7	4	9	8	6	1	3	2	5
3	8	2	4	7	5	6	9	1
9	1	8	7	4	2	5	6	3
4	2	7	5	3	6	8	1	9
6	5	3	1	9	8	2	7	4

Day 307

7	1	5	2	4	3	8	9	6
3	8	9	5	7	6	4	1	2
6	2	4	1	9	8	5	3	7
9	7	8	3	6	5	2	4	1
5	3	1	9	2	4	7	6	8
4	6	2	8	1	7	9	5	3
1	4	7	6	8	9	3	2	5
2	9	3	7	5	1	6	8	4
8	5	6	4	3	2	1	7	9

Day 308

3	1	7	6	8	9	4	5	2
8	9	5	4	2	7	3	6	1
4	2	6	3	5	1	9	8	7
5	3	4	9	7	6	2	1	8
9	7	8	2	1	3	6	4	5
2	6	1	8	4	5	7	3	9
7	4	2	5	3	8	1	9	6
6	8	3	1	9	2	5	7	4
1	5	9	7	6	4	8	2	3

Day 309

7	1	3	2	5	9	8	4	6
5	9	8	3	6	4	1	7	2
2	4	6	8	1	7	3	5	9
8	6	4	9	2	5	7	1	3
3	7	9	4	8	1	2	6	5
1	5	2	7	3	6	4	9	8
4	2	5	6	7	3	9	8	1
9	8	1	5	4	2	6	3	7
6	3	7	1	9	8	5	2	4

Day 310

8	7	5	4	3	2	1	6	9
2	9	3	1	5	6	4	7	8
6	1	4	8	9	7	2	3	5
7	5	8	3	6	4	9	2	1
4	6	9	2	1	8	7	5	3
3	2	1	5	7	9	6	8	4
1	3	7	9	2	5	8	4	6
5	4	6	7	8	1	3	9	2
9	8	2	6	4	3	5	1	7

Day 311

3	8	9	7	6	2	5	4	1
1	4	7	8	3	5	6	9	2
5	6	2	1	4	9	8	3	7
4	9	6	3	8	7	1	2	5
2	5	1	4	9	6	7	8	3
7	3	8	5	2	1	9	6	4
6	1	3	9	7	4	2	5	8
8	2	5	6	1	3	4	7	9
9	7	4	2	5	8	3	1	6

Day 312

8	2	1	7	6	9	3	4	5
5	7	9	4	3	1	2	6	8
6	4	3	5	8	2	9	7	1
7	6	2	9	5	8	4	1	3
3	1	8	2	7	4	6	5	9
9	5	4	3	1	6	7	8	2
2	9	7	1	4	5	8	3	6
1	3	6	8	9	7	5	2	4
4	8	5	6	2	3	1	9	7

Day 313

1	4	2	8	3	9	7	6	5
3	9	5	7	4	6	1	2	8
7	6	8	5	1	2	9	4	3
8	5	6	9	7	1	4	3	2
4	3	1	6	2	5	8	9	7
2	7	9	4	8	3	5	1	6
9	8	3	1	6	7	2	5	4
5	2	4	3	9	8	6	7	1
6	1	7	2	5	4	3	8	9

Day 314

8	4	3	6	5	9	2	1	7
9	5	7	1	8	2	4	6	3
6	2	1	7	4	3	5	8	9
1	6	2	5	7	8	9	3	4
3	7	8	4	9	6	1	2	5
5	9	4	3	2	1	8	7	6
7	8	6	9	1	5	3	4	2
4	1	9	2	3	7	6	5	8
2	3	5	8	6	4	7	9	1

Day 315

7	6	8	1	4	3	2	5	9
3	5	1	6	2	9	7	4	8
9	2	4	7	5	8	6	3	1
5	1	3	2	7	6	8	9	4
2	4	6	9	8	1	5	7	3
8	9	7	5	3	4	1	2	6
4	7	9	8	1	2	3	6	5
6	8	5	3	9	7	4	1	2
1	3	2	4	6	5	9	8	7

SOLUTIONS

Day 316

8	6	4	3	7	9	2	5	1
3	9	2	1	5	4	7	8	6
7	5	1	8	6	2	9	3	4
4	1	6	7	8	5	3	9	2
5	3	7	2	9	6	1	4	8
2	8	9	4	3	1	5	6	7
9	7	8	6	2	3	4	1	5
1	2	5	9	4	8	6	7	3
6	4	3	5	1	7	8	2	9

Day 317

4	5	2	3	8	1	6	9	7
7	6	9	2	5	4	1	8	3
8	3	1	9	6	7	4	2	5
9	8	5	4	3	6	7	1	2
2	7	3	8	1	9	5	4	6
1	4	6	7	2	5	8	3	9
3	2	7	6	4	8	9	5	1
6	1	8	5	9	3	2	7	4
5	9	4	1	7	2	3	6	8

Day 318

3	9	6	2	7	1	8	4	5
5	2	4	9	6	8	7	1	3
8	7	1	5	3	4	9	6	2
7	3	8	4	2	6	5	9	1
6	1	2	7	9	5	4	3	8
4	5	9	8	1	3	6	2	7
1	4	3	6	8	7	2	5	9
2	6	7	1	5	9	3	8	4
9	8	5	3	4	2	1	7	6

Day 319

9	3	6	4	8	1	5	7	2
1	8	7	5	9	2	4	3	6
5	4	2	7	3	6	1	9	8
4	7	5	9	6	3	2	8	1
2	9	3	8	1	5	6	4	7
8	6	1	2	7	4	3	5	9
3	1	9	6	4	8	7	2	5
6	5	8	3	2	7	9	1	4
7	2	4	1	5	9	8	6	3

Day 320

1	4	8	2	9	6	3	5	7
9	2	5	3	1	7	8	4	6
6	3	7	8	4	5	2	9	1
8	5	1	4	3	2	7	6	9
3	7	4	6	5	9	1	2	8
2	9	6	7	8	1	5	3	4
4	1	2	9	7	3	6	8	5
5	8	3	1	6	4	9	7	2
7	6	9	5	2	8	4	1	3

Day 321

8	9	4	6	2	5	3	7	1
3	7	1	4	8	9	5	6	2
6	5	2	1	7	3	9	8	4
5	4	9	8	1	7	6	2	3
2	6	3	9	5	4	7	1	8
1	8	7	3	6	2	4	5	9
4	2	8	5	9	6	1	3	7
7	3	5	2	4	1	8	9	6
9	1	6	7	3	8	2	4	5

Day 322

4	5	6	8	1	9	3	7	2
8	7	9	3	2	5	6	1	4
3	1	2	7	4	6	8	9	5
5	6	1	9	3	2	7	4	8
7	2	3	5	8	4	1	6	9
9	8	4	6	7	1	2	5	3
6	9	7	2	5	3	4	8	1
1	3	5	4	6	8	9	2	7
2	4	8	1	9	7	5	3	6

Day 323

7	8	2	9	1	6	3	5	4
1	5	4	7	2	3	8	6	9
3	6	9	4	5	8	2	7	1
6	1	7	8	3	4	5	9	2
8	4	5	2	9	7	6	1	3
2	9	3	1	6	5	7	4	8
4	7	6	3	8	9	1	2	5
9	2	8	5	7	1	4	3	6
5	3	1	6	4	2	9	8	7

Day 324

6	3	9	2	8	5	1	7	4
4	5	7	6	3	1	8	9	2
2	8	1	9	7	4	3	5	6
5	7	4	1	9	2	6	3	8
9	2	8	3	5	6	7	4	1
3	1	6	8	4	7	9	2	5
8	9	5	4	1	3	2	6	7
1	4	2	7	6	9	5	8	3
7	6	3	5	2	8	4	1	9

Day 325

7	3	6	8	2	9	1	4	5
9	4	2	5	1	7	8	6	3
1	8	5	4	3	6	7	9	2
3	5	7	9	4	2	6	1	8
4	6	1	3	5	8	9	2	7
8	2	9	7	6	1	3	5	4
6	7	8	2	9	4	5	3	1
5	9	4	1	7	3	2	8	6
2	1	3	6	8	5	4	7	9

Day 326

5	3	4	6	8	9	1	2	7
8	1	2	3	7	5	4	9	6
6	7	9	4	1	2	8	3	5
1	9	7	5	6	8	2	4	3
2	4	6	1	3	7	5	8	9
3	8	5	2	9	4	6	7	1
9	2	3	8	5	6	7	1	4
4	6	1	7	2	3	9	5	8
7	5	8	9	4	1	3	6	2

Day 327

2	5	7	8	3	9	4	6	1
3	6	1	4	5	2	9	7	8
9	4	8	1	7	6	3	2	5
6	8	2	5	4	7	1	9	3
4	3	9	2	1	8	7	5	6
1	7	5	6	9	3	2	8	4
8	9	6	3	2	4	5	1	7
5	2	3	7	6	1	8	4	9
7	1	4	9	8	5	6	3	2

Day 328

4	7	6	8	9	1	3	5	2
1	2	9	7	3	5	6	8	4
3	5	8	6	2	4	9	1	7
2	8	3	9	4	7	5	6	1
6	9	5	3	1	2	4	7	8
7	4	1	5	8	6	2	9	3
5	6	4	2	7	8	1	3	9
9	1	7	4	6	3	8	2	5
8	3	2	1	5	9	7	4	6

Day 329

4	9	8	1	5	3	2	7	6
3	1	6	4	7	2	5	8	9
5	7	2	8	9	6	4	3	1
1	6	9	2	3	7	8	4	5
8	2	5	9	4	1	7	6	3
7	4	3	5	6	8	1	9	2
2	8	7	3	1	9	6	5	4
6	3	4	7	2	5	9	1	8
9	5	1	6	8	4	3	2	7

Day 330

7	1	6	8	5	4	2	3	9
2	8	3	7	9	6	5	4	1
5	9	4	1	3	2	7	6	8
8	6	2	5	4	3	9	1	7
1	4	9	2	7	8	3	5	6
3	5	7	9	6	1	4	8	2
9	3	8	4	1	7	6	2	5
4	2	5	6	8	9	1	7	3
6	7	1	3	2	5	8	9	4

Day 331

2	8	4	6	1	5	9	7	3
6	3	5	2	9	7	4	8	1
7	9	1	3	8	4	5	6	2
5	1	9	8	4	2	7	3	6
4	6	7	1	5	3	2	9	8
3	2	8	9	7	6	1	5	4
1	5	3	7	2	8	6	4	9
9	4	6	5	3	1	8	2	7
8	7	2	4	6	9	3	1	5

Day 332

2	6	9	7	1	3	4	8	5
5	7	1	8	4	2	9	6	3
4	3	8	6	5	9	1	2	7
3	8	2	9	6	4	5	7	1
7	1	5	3	2	8	6	9	4
6	9	4	5	7	1	2	3	8
8	5	7	1	9	6	3	4	2
1	4	6	2	3	7	8	5	9
9	2	3	4	8	5	7	1	6

Day 333

2	4	1	3	5	8	7	9	6
7	9	8	2	1	6	4	5	3
6	5	3	7	9	4	8	2	1
4	3	2	5	6	1	9	8	7
8	7	9	4	3	2	1	6	5
1	6	5	8	7	9	3	4	2
5	8	7	9	2	3	6	1	4
3	1	4	6	8	5	2	7	9
9	2	6	1	4	7	5	3	8

Day 334

2	3	8	9	6	7	5	1	4
7	1	6	4	2	5	8	9	3
9	4	5	1	3	8	2	6	7
1	9	4	8	7	2	6	3	5
8	6	3	5	1	4	7	2	9
5	2	7	6	9	3	4	8	1
6	5	2	3	4	9	1	7	8
4	7	9	2	8	1	3	5	6
3	8	1	7	5	6	9	4	2

Day 335

9	5	8	3	6	4	2	7	1
7	6	1	8	2	9	5	4	3
3	4	2	5	1	7	6	9	8
6	2	5	4	7	8	3	1	9
8	1	7	9	3	6	4	2	5
4	9	3	2	5	1	8	6	7
1	3	9	6	4	5	7	8	2
2	7	4	1	8	3	9	5	6
5	8	6	7	9	2	1	3	4

Day 336

5	1	4	9	2	7	6	8	3
7	8	3	6	5	4	9	2	1
2	6	9	3	8	1	4	5	7
1	7	5	8	4	9	3	6	2
6	3	2	1	7	5	8	4	9
4	9	8	2	6	3	7	1	5
8	4	7	5	3	2	1	9	6
9	5	6	7	1	8	2	3	4
3	2	1	4	9	6	5	7	8

Day 337

2	7	1	8	5	6	3	4	9
5	3	4	1	2	9	7	6	8
8	9	6	3	7	4	2	5	1
3	4	5	6	1	7	9	8	2
9	8	2	5	4	3	6	1	7
1	6	7	2	9	8	5	3	4
4	2	8	9	3	5	1	7	6
6	1	3	7	8	2	4	9	5
7	5	9	4	6	1	8	2	3

Day 338

8	4	3	2	7	6	9	5	1
2	6	5	9	1	8	7	4	3
1	9	7	4	5	3	2	6	8
5	3	9	8	4	2	1	7	6
4	7	8	6	9	1	3	2	5
6	1	2	7	3	5	4	8	9
3	8	6	1	2	7	5	9	4
7	5	4	3	6	9	8	1	2
9	2	1	5	8	4	6	3	7

Day 339

5	1	6	8	4	3	9	2	7
4	2	3	7	9	1	6	8	5
8	7	9	2	6	5	1	3	4
6	3	4	1	5	8	7	9	2
7	9	2	4	3	6	5	1	8
1	8	5	9	2	7	4	6	3
9	4	8	6	7	2	3	5	1
3	6	1	5	8	4	2	7	9
2	5	7	3	1	9	8	4	6

Day 340

9	2	5	4	7	6	1	8	3
4	3	1	9	5	8	2	7	6
6	8	7	1	2	3	4	9	5
8	6	2	3	9	7	5	4	1
1	7	9	6	4	5	8	3	2
5	4	3	2	8	1	7	6	9
7	1	8	5	3	9	6	2	4
3	5	4	8	6	2	9	1	7
2	9	6	7	1	4	3	5	8

SOLUTIONS

Day 341

```
7 9 1 6 8 4 3 2 5
5 3 4 7 2 9 8 6 1
2 6 8 5 1 3 4 9 7
6 4 7 8 3 2 5 1 9
3 8 5 1 9 6 7 4 2
9 1 2 4 7 5 6 3 8
4 2 9 3 5 8 1 7 6
8 7 3 9 6 1 2 5 4
1 5 6 2 4 7 9 8 3
```

Day 342

```
6 5 4 2 8 7 9 3 1
7 8 9 5 1 3 2 4 6
3 2 1 6 4 9 8 7 5
2 9 3 7 5 1 6 8 4
8 1 6 4 9 2 7 5 3
5 4 7 8 3 6 1 2 9
9 6 2 3 7 4 5 1 8
4 7 5 1 6 8 3 9 2
1 3 8 9 2 5 4 6 7
```

Day 343

```
9 1 4 6 2 8 3 7 5
7 2 6 5 9 3 4 8 1
8 5 3 1 4 7 9 2 6
4 7 5 3 8 2 1 6 9
6 3 2 9 1 5 7 4 8
1 9 8 7 6 4 2 5 3
2 6 7 8 3 9 5 1 4
3 4 1 2 5 6 8 9 7
5 8 9 4 7 1 6 3 2
```

Day 344

```
3 9 5 2 7 6 4 8 1
8 7 2 3 4 1 5 6 9
4 1 6 9 5 8 2 3 7
7 6 4 1 8 9 3 2 5
5 2 3 7 6 4 9 1 8
9 8 1 5 3 2 6 7 4
2 4 8 6 9 7 1 5 3
6 5 7 4 1 3 8 9 2
1 3 9 8 2 5 7 4 6
```

Day 345

```
1 3 2 8 7 4 6 9 5
7 9 4 6 5 1 3 8 2
5 8 6 3 2 9 1 4 7
8 4 3 2 6 5 7 1 9
6 1 5 9 8 7 4 2 3
2 7 9 1 4 3 5 6 8
9 5 7 4 1 8 2 3 6
4 6 8 5 3 2 9 7 1
3 2 1 7 9 6 8 5 4
```

Day 346

```
3 6 7 4 8 9 1 5 2
5 8 2 3 6 1 4 9 7
9 4 1 5 2 7 6 3 8
7 3 4 2 5 6 8 1 9
1 9 5 8 7 3 2 4 6
6 2 8 1 9 4 3 7 5
4 7 6 9 1 8 5 2 3
2 1 9 6 3 5 7 8 4
8 5 3 7 4 2 9 6 1
```

Day 347

```
5 4 1 6 8 3 2 7 9
9 2 3 7 1 4 5 6 8
7 8 6 9 2 5 3 4 1
8 5 2 4 6 9 7 1 3
4 6 9 3 7 1 8 2 5
3 1 7 2 5 8 6 9 4
1 7 5 8 9 6 4 3 2
2 9 4 5 3 7 1 8 6
6 3 8 1 4 2 9 5 7
```

Day 348

```
7 9 5 3 4 2 1 6 8
6 3 8 5 9 1 2 7 4
1 4 2 8 6 7 3 9 5
5 8 9 7 1 6 4 2 3
3 7 1 2 5 4 6 8 9
4 2 6 9 3 8 7 5 1
8 1 7 4 2 9 5 3 6
2 6 3 1 8 5 9 4 7
9 5 4 6 7 3 8 1 2
```

Day 349

```
8 7 3 1 9 6 4 5 2
4 2 9 8 7 5 6 1 3
5 6 1 3 4 2 9 7 8
2 5 7 9 6 3 1 8 4
3 1 8 5 2 4 7 6 9
9 4 6 7 8 1 3 2 5
1 8 4 2 3 7 5 9 6
7 3 2 6 5 9 8 4 1
6 9 5 4 1 8 2 3 7
```

Day 350

```
4 7 6 2 9 5 3 1 8
3 8 5 4 1 6 9 2 7
9 1 2 8 3 7 5 4 6
6 5 4 1 8 2 7 9 3
8 9 3 6 7 4 1 5 2
1 2 7 9 5 3 8 6 4
2 3 9 7 4 1 6 8 5
7 6 1 5 2 8 4 3 9
5 4 8 3 6 9 2 7 1
```

Day 351

```
5 1 8 4 6 2 3 7 9
4 3 7 9 8 5 2 1 6
2 6 9 3 7 1 8 4 5
1 5 4 6 9 3 7 2 8
6 9 3 8 2 7 1 5 4
8 7 2 1 5 4 9 6 3
3 2 1 5 4 9 6 8 7
7 8 5 2 3 6 4 9 1
9 4 6 7 1 8 5 3 2
```

Day 352

```
7 6 3 4 2 9 8 1 5
5 1 9 8 7 3 2 4 6
2 4 8 5 1 6 9 7 3
3 8 6 7 5 1 4 9 2
1 7 2 9 3 4 6 5 8
4 9 5 6 8 2 1 3 7
6 5 7 1 9 8 3 2 4
9 2 4 3 6 5 7 8 1
8 3 1 2 4 7 5 6 9
```

Day 353

```
7 2 8 5 6 9 1 3 4
1 5 6 3 4 8 2 9 7
9 4 3 7 1 2 6 8 5
5 8 1 2 9 4 3 7 6
2 3 9 6 7 5 8 4 1
4 6 7 8 3 1 5 2 9
8 9 4 1 2 6 7 5 3
6 7 2 9 5 3 4 1 8
3 1 5 4 8 7 9 6 2
```

Day 354

```
8 2 1 9 4 3 7 5 6
3 7 4 5 6 1 2 8 9
9 5 6 7 8 2 1 3 4
1 9 7 2 3 4 5 6 8
5 3 2 6 7 8 4 9 1
4 6 8 1 9 5 3 2 7
6 1 9 3 5 7 8 4 2
7 4 5 8 2 9 6 1 3
2 8 3 4 1 6 9 7 5
```

Day 355

```
2 7 5 9 3 8 1 4 6
6 8 1 7 5 4 3 2 9
9 3 4 6 1 2 8 7 5
1 2 6 5 4 7 9 8 3
8 9 7 3 6 1 4 5 2
4 5 3 8 2 9 7 6 1
5 1 9 4 7 6 2 3 8
3 4 2 1 8 5 6 9 7
7 6 8 2 9 3 5 1 4
```

Day 356

```
1 7 9 4 5 3 6 8 2
8 6 4 2 7 9 5 3 1
5 2 3 6 1 8 7 4 9
4 3 2 8 9 5 1 6 7
7 5 8 1 6 4 9 2 3
9 1 6 7 3 2 8 5 4
2 4 1 9 8 6 3 7 5
6 9 5 3 2 7 4 1 8
3 8 7 5 4 1 2 9 6
```

Day 357

```
8 9 2 7 3 6 5 1 4
7 4 1 2 8 5 3 9 6
6 5 3 4 9 1 8 2 7
9 1 8 6 2 7 4 5 3
3 7 5 8 4 9 2 6 1
2 6 4 5 1 3 7 8 9
4 2 9 3 6 8 1 7 5
5 3 6 1 7 2 9 4 8
1 8 7 9 5 4 6 3 2
```

Day 358

```
5 8 9 6 7 3 2 4 1
7 3 6 2 4 1 5 8 9
4 1 2 8 9 5 3 6 7
8 2 5 4 1 6 9 7 3
9 4 1 7 3 8 6 2 5
6 7 3 5 2 9 8 1 4
3 6 4 1 5 2 7 9 8
2 9 7 3 8 4 1 5 6
1 5 8 9 6 7 4 3 2
```

Day 359

```
8 5 1 9 7 2 4 3 6
3 2 7 6 1 4 8 9 5
4 6 9 8 5 3 1 7 2
9 3 4 1 8 5 6 2 7
6 1 8 2 9 7 5 4 3
5 7 2 3 4 6 9 1 8
2 9 5 4 3 8 7 6 1
1 8 6 7 2 9 3 5 4
7 4 3 5 6 1 2 8 9
```

Day 360

```
6 5 7 4 9 2 8 3 1
9 4 1 7 3 8 6 2 5
3 2 8 1 6 5 4 7 9
4 1 3 6 5 9 2 8 7
5 8 6 2 1 7 3 9 4
2 7 9 3 8 4 5 1 6
7 6 2 8 4 1 9 5 3
1 9 4 5 2 3 7 6 8
8 3 5 9 7 6 1 4 2
```

Day 361

```
3 2 6 9 7 1 8 5 4
8 9 7 2 4 5 1 3 6
1 4 5 3 8 6 7 9 2
4 1 3 6 2 7 5 8 9
2 5 9 4 3 8 6 7 1
6 7 8 5 1 9 2 4 3
9 3 1 7 5 2 4 6 8
7 6 2 8 9 4 3 1 5
5 8 4 1 6 3 9 2 7
```

Day 362

```
9 1 2 5 8 3 4 6 7
8 4 5 6 1 7 3 2 9
6 3 7 2 9 4 5 1 8
4 9 6 3 5 8 2 7 1
2 7 8 4 6 1 9 5 3
3 5 1 9 7 2 8 4 6
5 6 4 7 3 9 1 8 2
1 2 9 8 4 6 7 3 5
7 8 3 1 2 5 6 9 4
```

Day 363

```
7 9 6 5 8 4 1 3 2
2 4 8 3 6 1 7 5 9
1 5 3 9 2 7 6 8 4
5 2 9 7 3 8 4 1 6
6 3 1 2 4 9 8 7 5
8 7 4 6 1 5 2 9 3
3 8 7 4 5 6 9 2 1
9 6 5 1 7 2 3 4 8
4 1 2 8 9 3 5 6 7
```

Day 364

```
5 1 3 8 9 4 2 7 6
6 4 7 3 5 2 9 8 1
9 2 8 7 6 1 5 3 4
7 5 2 4 3 8 6 1 9
1 3 4 6 2 9 8 5 7
8 6 9 5 1 7 4 2 3
3 9 6 2 7 5 1 4 8
4 7 5 1 8 6 3 9 2
2 8 1 9 4 3 7 6 5
```

Day 365

```
1 6 4 9 8 7 2 5 3
2 9 5 3 1 6 7 8 4
8 7 3 4 5 2 6 9 1
9 5 2 8 3 4 1 6 7
6 4 7 2 9 1 8 3 5
3 1 8 6 7 5 9 4 2
5 2 9 7 6 3 4 1 8
4 8 1 5 2 9 3 7 6
7 3 6 1 4 8 5 2 9
```